KB148297

그리스 미학

그리스 미학 ── 플라톤과 아리스토텔레스

초판 1쇄 인쇄 _ 2012년 12월 10일
초판 1쇄 발행 _ 2012년 12월 15일

지은이 · 존 깁슨 워리 | 옮긴이 · 김진성

펴낸이 · 유재건
펴낸곳 · (주)그린비출판사 | 등록번호 · 제313-1990-32호
주소 · 서울시 마포구 동교동 201-18 달리빌딩 2층 | 전화 · 702-2717 | 팩스 · 703-0272

ISBN 978-89-7682-392-2 93100
이 도서의 국립중앙도서관 출판시도서목록(CIP)은 e-CIP 홈페이지(http://www.nl.go.kr/ecip)와
국가자료공동목록시스템(http://www.nl.go.kr/kolisnet)에서 이용하실 수 있습니다.
(CIP제어번호 : CIP2012005858)

그린비출판사 나를 바꾸는 책, 세상을 바꾸는 책
홈페이지 · www.greenbee.co.kr | 전자우편 · editor@greenbee.co.kr

그리스 미학

플라톤과 아리스토텔레스

존 깁슨 워리 지음 | 김진성 옮김

그린비

여러모로 도움을 주었던
나의 가족 모두에게

서문

이 책은 프랑스식 교육을 받았고, 영국 문학과 비평이 흔히 전제하는 다양한 관례들을 이해하기 힘들다고 느낀 [이집트] 알렉산드리아의 학생들을 위하여 애초에 계획되었다. 공통의 문화적 조상을 찾으면서 나는 아리스토텔레스에 눈길을 돌렸고, 아리스토텔레스는 플라톤을 언급하지 않고서는 이해될 수 없었다.

　나중의 시기에 나의 작업은 변화를 상당히 겪었고, 나는 운 좋게도 P. T. 스티븐스와 T. B. L. 웹스터 교수에게 조언을 구할 기회를 가졌다. 이들이 준 조언의 덕을 나는 아주 많이 보았다. 물론 이 책에 제시된 어떠한 견해에 대해서도 그들이 책임져서는 안 될 것이다.

　현재의 형태에서도 이 책은 여전히 그것의 본래 목적 —— 현대적인 주제들을 배우는 학생들에게 고전적인 소양의 목적 —— 을 가까이 고수한다. 그리스어 텍스트들을 해석하는 목적을 위해서, 나는 손수 그것들을 번역하는 것이 편하다고 생각했다. 그리고 간결한 영어 관용구에 대한 탐색으로 말미암아 불가피하게 내가 그리스어에서 벗어났던 곳이나 내가 제시한 번역이 모든 쪽에서 자동적인 동의를 얻지 못할 곳에서, 나는 보다 직역에 가까운 번역을 괄호 안에다 덧붙여 놓았다. 이는 간단한 안전장치인데, 나는 이것이 몇 가지 경우들에서만 필요하다고 보았다.

J. G. 워리

:: 차례

| 일러두기 |

1 이 책은 1962년 런던에서 출간된 워리(J. G. Warry)의 *Greek Aesthetic Theory: A Study of Callistic and Aesthetic Concepts in the Works of Plato and Aristotle* 을 완역한 것이다.

2 각 장의 앞에 삽입된 그림과 조각 사진은 원문에 없는 것들이다. 각 장의 내용과 관련하여 옮긴이가 추가한 것들이다.

3 본문 중에 대괄호 [ ]를 사용해 쓴 부분은 다른 번역어의 소개와 옮긴이의 보충 및 간략한 설명이 들어 있는 부분이다.

4 단행본, 전집, 정기간행물 등에는 겹낫표(『 』)를, 단편, 논문, 미술작품 등에는 낫표(「 」)를 사용했다.

5 외국 인명이나 지명, 작품명은 2002년 〈국립국어원〉에서 펴낸 '외래어 표기법'을 따라 표기했다.

그리스 미학

단테와 베아트리체(Dante and Beatrice, 1883년 作), Henry Holiday(1839~1904)

머리말

현재의 저술을 계획하면서 나는 유용한 것들은 대부분 여러 가지 목적에 도움이 된다는 점을 염두에 두었다. 여기에서 나의 목적은 두 가지이다. 첫째, 미학적(aesthetic)·미적(callistic) 개념들이 플라톤과 아리스토텔레스의 작품들에 나타난 대로 그것들에 대해 견문을 넓히는 잘 정돈된 설명을 제공하길 희망한다. 나는 이것이 현대의 문학도들에게 도움이 되리라 믿는다. 왜냐하면 고대 철학자들이 제기한 물음들은 그 후 수많은 사례들에서 미학 논쟁 및 평론의 집결점이 되어 왔기 때문이다. 오랫동안 논의되고 많이 다듬어진 개념들의 근원을 다시 알아보는 것은 그 자체로 유익함에 틀림없다. 많은 현대 사상은 분석해 보면 아주 오래 묵은 딜레마들의 해결에 관련되어 있음이 드러난다. 그리고 우리는 그런 딜레마들이 무엇인지를 깨닫고, 그것들을, 말하자면, 가장 순수하고도 원초적인 형태로 대면함으로써 특정의 현대 사상가를 더 잘 이해하게 될 것이다. 둘째, 나의 목적은, 고전 연구의 가치를 의문시하는 교육학자들도 더러 있는 때에, 왜 고대 미학이 고립되어 제시되어서는 안 되고 오늘날의 문제들에 과감하게 응용되어야 하는지를 증명하는 일이다. 나는 예술과 미에 대한 그리스의 관념들을 단지 현대의 개념들을 향해 진전하는 원초적인 단계들로 제시하지 않고, 마치 채 발굴되지 않은 고대의 광산처럼, 그 자체로 더 탐구할 필요가 있는 것들로 제시하고자 한다. 그러므로 내가 자료를 분류하는 목적은 정보를 갖추길 원하는 학생을 위해 쉽게 기억할 만한 배열을 산출하는 데 있을 뿐만 아니라, 눈부시지만 가끔은 무질서하고 산만한 관찰들에 함축된, 이 영역에서 그리스인들이 공헌한 바를 재현하는 테제와 반-테제들을 제시하는 데에 있게 될 것이다.

나의 실제적인 토론 영역은 의도적으로 플라톤과 아리스토텔레스의 작품들에 국한되어 있다. 이 두 사상가들은 많은 학자들과 비평가들이 끊임없이 논평하는 대조를 우리에게 확연하게 제시하지만, 대조란 것은 항상 차이성뿐만 아니라 유사성을 수반한다. 그리고 이 두 위대한 철학자들에서 그들을 한데 묶어 주고 그들에 속한 많은 차이성들이 본질적으로 비슷한 관점을 보완하는 측면들임을 보여 주는 깊은 유사성이 존재한다. 그들을 플로티노스와 롱기누스와 같은 후대의 작가들과 멀리 떨어져 있게 놓는 것은 연대만이 아니라 바로 그러한 유사성이다. 플로티노스와 롱기누스의 사고방식은 기원전 4세기의 그리스 사상가보다는 현대의 미학자에 더 가깝다. 후대의 그리스 작가들, 특히 로마 제국 하에 글을 썼던 사람들의 논문들을 읽으면서, 우리는 그들에게 — 현대의 수많은 비평가들에게처럼 — 예술은 삶의 대체물이 되었다고 느끼지 않을 수 없다. 그리고 정말이지, 그것이 삶의 대체물이 아니라면, 그것은 어떤 목적을 가질 수 있었을까? 플라톤도 아리스토텔레스도 결코 이 물음에 성공적으로 대답하지 못했지만, 둘 다 예술을 삶의 정당한 대체물로 여기지 않았다. 그들이 그렇게 하길 완강하게 거부한 점은 내가 그들을 위해 내세우는 주장—즉, 그들은 함께 미적·미학적 철학의 단일한 학파를 대표한다는 주장—의 토대를 이룬다.

'미적·미학적' 철학을 말하면서 나는 사실상 방금 한 주장을 강조한다. 『미학 강의』의 머리말에서 헤겔은 '미학'(aesthetic)이란 용어는 그 당시 이미—정당화될 수 없는 방식이었지만—예술 연구에 적합하게 된 반면에, '미론'(callistics)은 미 일반에 관한 연구에 적합한 이름이라고 설명한다. 헤겔은 물론 그렇게 정의 내려진 미학에 주로 관심을 가졌다. 자연미의 주제는 그의 작품에서 상대적으로 짧은 장(章)에서 다루어지고, 실제로 자연미는 그에게 예술미보다 열등한 것이었다. 기원전 4세기의 그리스인들에게, 미와 예술은 다른 종류의 주제들이었고, 그 등급이 비교될 수 없었다. 예술미가 자연미에 대한 진전이냐는 물음도 없었고, 그것이 자연미의 형편없는 대체물이냐는 물음도 없었다. 플라톤이 예술을 삶의 대체물이라 비난한 것은, 그것이 삶의 미를 빼앗는 것처럼 보이기 때문이 아니라, 그것이 삶의 진리와 삶의 도덕을 곡해하면서 이 둘을 빼앗는다고 느꼈기 때문이다. 이러한 태도는, 그가 그것을 표현한 강경한 용어들로는 정당화될 수 없지만, 그럼에도 미의 방면에서 예술만을 관조하는 현대의 견해에 날카로운 대조를 제시하고 그것을 교정한다. 우리는 또한 한숨을 돌리며, 우리가 살펴보고 있는 두 철학자 중 플라톤은 주로 미에 관계(callistic)하지만, 아리스토텔레스는 예술에 관한 연구(aesthetic)에 기여한다는 점을 관찰할 수 있을 것이다. 플라톤은 예술에 대해 글을 쓰면서 편견을 보이는 경향이 있고, 아리스토텔레스는 미를 언급하면서도 계몽적이지만 짧고 가공되지 않은 관찰을 남긴 채 외면하기 일쑤다.

하지만, 우리가 이 뛰어난 그리스 이름들 중 하나를 '미론'과 동일시하고, 다른 하나를 '미학'과 동일시할 수 있다는 사실은 분류들이 기억에 남도록 도와주고, 근본적인 대립에 힘을 실어 준다.

그러므로 우리는 플라톤을 먼저 다룰 것이다. 그가 연대적으로 아리스토텔레스에 앞서기 때문만은 아니다. 미에 대한 감각이 예술에 대한 평가보다 더 원초적이고 근본적이기 때문이기도 하다. 이 지점에서, 플라톤에 대한 직접적인 사전 지식이 미미한 현대의 학생을 위해, 몇 가지 예비적인 언급이 바람직해 보인다. 플라톤의 대다수 작품들은 대화 형식으로 되어 있다. 그리고 그것들 중 많은 것들은 다시 소크라테스의 인품을 크게 다룬다. 물론, 소크라테스는 '도발적인 사유'의 습관들로 말미암아 동시대인들의 애증을 얻은 역사적인 실존 인물이었지만, 어느 정도까지 플라톤의 '대화편'들이 소크라테스의 생전에 실제로 일어났던 대화들에 의거했는지 말하기란 불가능하다. 후기 대화편들이 플라톤 자신의 사유의 ── 많은 점에서 소크라테스는 이 사유에 동의하지 않았을 것이다 ── 산물이었다는 점은 확실해 보인다. 대화편들이 쓰인 순서에 대해서는 정확한 동의가 없다. 그러나 학자들은 예를 들어 『법률』이 맨 나중에 쓰였고, 소크라테스의 인품에 대해 가장 생생한 인상들을 얼마간 제공하는 짧고 결론이 나지 않은 대화편들은 초기의 것이라는 점에 동의한다. 플라톤은 결코 소크라테스를 자신의 주인공으로 만든 유일한 그리스 저술가가 아니었다. 크세노폰이 『회상』에서 우리에게 제공한 소크라테스에 대한 다소 흐릿한 그림 외에도, 소크라테스적 대화편들을 쓴 다른 작가들도 많이 있었다. 그것들 중 어떤 것들은 플라톤의 것을 모방한 것들이었다. 그러나 우리는 또한 플라톤 자신이 소크라테스적 대화편을 창시한 사람이 아니었다는 점을 기억해야 한다. 하지만 일반적으로, 플라톤이 우리에게 제공하는 묘사는, 적어도 그의 초기 작품에서는, 우리가 발견하길 바랄 수 있는 만큼 실제 인물에 충실하다.

더욱이, 소크라테스의 인품은 플라톤의 문학적·철학적 상상력에 본질적인 자극이었고, 실제로 탁월성[덕德]들의 구현을 제시했다. 이러한 구현은 추상적인 철학 용어들로 기술될 경우 비현실적인 것처럼 보인다. 형이상학자가 주인공을 필요로 한 것은 아마도 근본적인, 종교적인 충동일 것이다. 위대한 스승이자 주인공인 사람은 작가라기보다는 화자(話者)인 경우가 흔하다. 그리고 플라톤은 문어(文語)에 맞서 구어(口語)의 가치를 옹호했다. 왜냐하면 스승이자 주인공인 사람에 대한 전기 작가는 보통 자기를 내세우지 않기 때문이다. 우리는 신약복음서의 저자들과 사도 바울이 예수에 대해 취한 태도를 비교하고, 『코란』을 만들기 위해 모하메드에 대한 산재한 선전물들을 모았던 아부 바크르[이슬람 제1대 정통 칼리프, 재위 632~634]를 비교할 수 있을 것이다. 이보다 덜한 방식이지만, 존슨 박사[영국 작가, 1709~1784]에 대한 보스웰[영국의 전기 작가, 1740~1795]의 심취도 같은 범주에 속할 것이다. 신적인 완전성을 관조하다 보면, 인품에 대한 필요한 판단력을 잃기란 너무나도 쉽다. 인품은 필요하다. 왜냐하면 인품만이 사랑의 대상일 수 있고, 사랑의 필요는 인간적인 불완전함에도 불구하고 신에 대한 믿음의 핵심 근거들 중 하나이기 때문이다. 하지만 인품은 인간의 형태가 아니라면 파악될 수 없기 때문에, 신적인 완전성을 예외적인 탁월한 인품과 아주 가까이 연결시키는 일이 절대 필요하게 된다. 기독교의 삼위일체 교리는 이러한 보편적인 종교적 충동에 대한 가장 정확한 표현을 제공한다. 그리고 이슬람교 인들은 그것을 신의 완전성에 대한 불경이라 비난하지만, 『코란』은 자주 신과 모하메드의 의지를 거의 그 둘이 단일한 의지인 양 언급한다. 여기에서도 신의 무한성과 인품은 가깝게 연결된다. 완전성만으로는 사랑의 대상이 될 수 없다.

그밖에, 플라톤은 체계적인 철학자가 아니다. 그는 극작가이자 종교적인 열의에 불탄 전기 작가이다. 그리고 그가 그런 사람이었다는 사실은, 좀처럼 완전하게 표현되어 있지는 않지만 더러는 함축되어 있는 체계를 그의 작품에서 뽑아내는 일을 더욱더 힘들게 만든다. 체계는 또한 진리 문제와 논리 문제에 동시에 달려드는 그의 습관에 의해 모호하게 된다. 이 점에서, 그는 아리스토텔레스와 확연히 구분된다. 아리스토텔레스는 작업의 상당한 부분을 논리학에 바침으로써 '오르가논'을, 또는 진리에 접근하여 이를 해부할 수 있을 도구를 창조했다. 하지만 플라톤은 그가 접근한 거의 모든 새로운 문제와 더불어 새로운 '오르가논'을 발명했다. 그래서 『프로타고라스』에서, 토론 주제는 시민적인 탁월성[덕]을 가르칠 수 있는지의 문제이지만, 그 대화편의 많은 부분은 강의나 토론 중 어떤 것이 더 가치 있는 교수 방법인지를 확인하는 데 쓰이는 것으로 보인다. 플라톤이 이상적인 정치체제를 기술하고 있는 『국가』에서는 상대적으로 많은 부분이 일차적으로 개인의 혼(魂)에서 정의(正義)가 갖는 본성과 기능을 발견하기 위한 논리적인 장치로 고안된다. 큰 글자들이 작은 글자들보다 읽기가 더 쉬운 것처럼, 공동체 안의 정의는 개인 안의 정의보다 분석하기가 더 쉽다고 우리는 듣는다. 플라톤은 공동체의 정의가 개인의 정의와 일치하고, 하나를 이해함으로써 다른 하나를 이해할 수 있을 것이라는 점을 함축한다. 이런 논리적인 과정은 아주 신뢰할 수 없는 유비의 과정이다. 예를 들어 마키아벨리라면 확실히, 정의의 사례에 그런 과정을 적용하는 것을 인정하지 않았을 것이다. 플라톤은, 논리학에 지루해지거나 당시의 논리 체계에 대한 믿음을 잃을 때, 근거를 제시하는 논증을 떠나 종교적인 우화나 신화에 탑승한다. 이것들은 신념을 가지고 쓰인 것이기 때문에, 그리고 그러한 신념의 순간들에 플라톤에게 영감을 불어넣은 숭고한 문학 양식 때문에 신념을 전달한다. 하지만 다른 시기들에서, 플라톤은 그가 사용하는 논리 체계가 명백하게 부적합한데도 논리학을 무자비한 결론으로 내몰려고 한다. 예를 들어, 그는 『소피스트』에서 이분(二分)의 과정에 의해 소피스트술에 대한 정의에 도달하길 바란다. 인간의 능력들은 두 부류로 나뉘고, 정의를 내리고자 한 부분은 이 부류들 중 하나에 배정된다. 그 다음에, 선택된 부류가 세분되고 문제가 되는 능력도 적절한 하위항목에 할당된다. 이 과정은 여러 번 반복되고, 소피스트 — 또는 가짜 철학자 — 의 능력은 결국 그것이 배정된 모든 부류들에 의해 정의된다. 소피스트들은 물론 플라톤의 철천지원수들이었다. 그리고 소피스트의 능력이 각각의 이분 단계에서 덜 신용할 만한 범주로 추방되는 점을 발견하는 것은 놀라운 일도 아니다. 동시에 그 방법은 너무나도 변덕스러워서 어떠한 논리적인 가치도 지닐 수 없다. 그런 종류의 이분들은 원의 지름들이 있는 만큼이나 많은 다른 원칙들에 입각하여 이루어질 수 있을 것이다.

아마도 플라톤이 아리스토텔레스의 '오르가논'에 가장 가까이 근접한 점 — 모든 문제들에 적용될 수 있을 만한 기본 가정들의 체계 — 은 그의 유명한 이데아론이었을 것이다. 이에 따르면 우리가 실체로부터 분리될 수 없는 단순한 추상물들로서 여겨야 할 많은 개념들은 그 자체로 실체적인 가치 및 독립된 존재를 지닌 것들로 생각되었다. 이것은 이상적인 아름다움이나 좋음이 고려될 때에는 충분히 그럴 법한 이론이었지만, 일상생활의 진부한 것들이나 지저분한 미물들에 적용될 때에는 덜 매력적이었다. 왜냐하면 만일 물질적인 현상들이, 그 이론이 요구했듯이, 영원한 진상(眞相)들의 그림자들이라면, 사람들은 '영원한 먼지와 찌꺼기' 같은 이데아들을 믿도록 요구된다. 플라톤은 대화편『파르메니데스』에서 그런 점과 더불어 이데아론에 담긴 여타의 많은 약점들을 자각하고 있음을 보여 준다. 그는『필레보스』에서 다른 논리적인 '무기들'을 만들 의향을 알리는데, 이것은 이데아론을 대체하도록 의도되었을 것이다. 그는 그답게 싸움터에서 ─ 다시 말해, '지혜'와 '즐거움'이 윤리적 지도 원리들로서 삶에서 지니는 상대적인 가치들에 관한 어려운 토론의 와중에서 ─ 무기들을 만들었다. 그 결과는 매우 혼란스럽다. 그 '다른 무기들'이란 것들은 실은 새로운 것이 아니다. 그것은 단지 한정된 존재와 무한한 존재(거칠게 표현하자면 '실재'와 '유동체')라는 낡은 피타고라스적인 개념들의 재생일 뿐이다.『필레보스』의 논리적인 장치는 플라톤의 다른 어느 대화편에서도 사용되지 않는다. 정말로, 그것은 이데아론이 겪는 것과 같은 결함 ─ 즉, 실체와 속성 간의 결정적인 구별이 어디에서도 명료하지 않다는 결함 ─ 을 겪는다. 그러한 명료화는 아리스토텔레스를 기다려야만 했다. 틀림없이, 오늘날 우리에게 아리스토텔레스의 실체관은 터무니없고, 분석해 보면 실체라 불리는 것은 모두 단지 속성들의 임의적인 집합물로 드러난다고 말해 줄 철학자들이 있다. 하지만 사유는 실체 개념 없이는 불가능하게 된다. 그리고 베르그손[프랑스 철학자, 1859~1941]이나 D. H. 로렌스[영국의 작가·시인, 1885~1930] 세대로부터 나온 낭만적인 낙오자들조차도, 사유를 포기할 평계에 너무나 반갑긴 해도, 이제는 환원

될 수 없는 입자들, 즉 더는 분할할 수 없는 궁극적인 실체에 의해 물리학을 설명하는 양자 이론에 대한 후천적인 호소로써 조롱당할 것이다.

어떤 독자들에게는, 미론(美論, callistics)과 미학(美學, aesthetics)을 다룬다고 공언하는 작품을 소개하면서, 그저 논리적일 뿐인 점들을 살피느라 그리 많은 시간을 보내는 것이 부적절하게 보일지 모르겠다. 그러나 나는 독자들이 이 페이지들을 읽으면서 원문이든 번역문이든 플라톤 자신의 저술에 대한 직접적인 언급으로 인도되고, 이를 위해 그런 종류의 일반적인 관찰사항들이 확실히 도움이 되길 바란다. 대화편들의 작가가 얼마나 특이하게, 성급한 신비주의자와 거의 궤변을 늘어놓는 논리학자가 혼합된 사람인지를 처음부터 깨닫는다면, 그 대화편들은 훨씬 덜 뒤틀리고 혼란스럽게 보일 것이다. 그리고 우리가 상세하게 아리스토텔레스를 논의하게 될 때, 얼마나 그가 '실존적인' 실재들에 대한 플라톤의 몽상적인 감정을 완전히 결했는지, 얼마나 그가 더 명확하고 강인한 논리학자였는지, 그리고 얼마나 그가 플라톤보다 더 잘 자신의 한계들을 깨달았는지를 일단 우리가 헤아린다면, 그것은 아주 값진 일이 될 것이다.

이제 우리는, 우리의 주제와 동일한 주제, 즉 아름다움에 관련되어 있는 한에서, 우리의 현재 탐구에 특별한 의미가 있는 플라톤의 한 대화편을 검토할 위치에 있다. 내가 가리키는 것은 물론 『대 히피아스』이다. 엘리스 출신의 유명한 소피스트인 히피아스가 소크라테스와 대조되는 인물로 소개되는 대화편이 둘 있는데, 그 중 짧은 것은 『소 히피아스』로 알려져 있다. 히피아스는 『프로타고라스』에도 등장한다. 그곳에서 보통 때처럼 그는 플라톤의 예리한 유머감각에 풍자의 표적을 제공한다. 히피아스는, 우리가 확신할 수 있는 한, 정직하고 남에게 손가락질 안 받는 사람이었다. 그는 자신의 세속적인 성공에 즐거워한 사람이었다. 그것이 부모에게 명예가 되었기 때문이었다. 분명히, 그는 자식으로서의 의무감과 애정이 매우 강했다. 하지만 그는 지적인 기준, 자부심이 강한 평범함에 의해 판단되어야 했다. 그리고 플라톤은 그를 지적인 기준들에 의해 판단했다. 이는 소피스트들의 주장들이 지적인 것이었기 때문에 아주 공평했다. 히피아스는 초등학생이 우표를 수집하듯이 지식을 많이 수집했다. 그리고 이를 추구하면서 그는 매우 유능해졌다. 왜냐하면 그런 주의를 딴데로 돌릴 어떠한 지적인 생각도 그의 머릿속에 들어온 적이 없었기 때문이다.

우리는 조금 전에 소피스트를 '가짜 철학자'로 기술했다. 물론, 소크라테스의 시대에 철학은 자격검정시험을 치르지 않았다. 그리고 아마도 소크라테스는 철학 자격검정시험을 엉터리 짓 ―또는 적어도 천박함―의 정수로 여겼을 것이다. 소피스트들은 자유롭게 활동하는 직업적인 교사들이자 강연자들이었다. 어느 정도 그들은 모두 자신들의 활동들을 정당화하기 위해 교육자의 자세를 취할 수밖에 없었다. 또는 만일 오늘날 식으로 생각했더라면 소크라테스가 생각할 법하듯이 '잡동사니를 팔' 수밖에 없었다. 하지만 모든 소피스트들이 히피아스처럼 천박하지는 않았다. 예를 들어, 프로타고라스는 품위 있는 학자로 묘사된다. 만일 그가 품위 면에서 현대의 대학 교수들과 어깨를 견줄 수 없다면, 그것은 단지 그가 현대의 대학처럼 가끔은 유서 깊은 교육기관에서 봉사할 영예나 기회를 갖지 못했기 때문일 것이다. 실제로, 기원전 5세기 아테네는 교직의 '위상을 높이는 데' 열중하는 N. U. T.[National Union of Teachers, 국가교원단체]와 같은 조직체를 자랑하지도 못했다. 하지만 근본적으로 그 소피스트의 딜레마는 현대 교육가의 것과 같았다. 그 교사는 가정과 사회에서 이루어지는 훈육의 질이 저하되고 있을 시기에 가정의 자리를 대신하려고 시도하고 있었다. 그러나 그 교사가 실제로 자신의 강의에 참석하고 자신의 활동을 후원했던 활발하고 때로는 귀족적인 젊은이들보다 '더 나이가 많고 더 나은' 사람이었는가? 그렇다고 주장하는 것은 지나치고 위험할 수 있었다. 다른 한편으로, 그렇다고 주장하지 않을 경우, 그는 자신이 주창하는 바를 실천하고 있지 않다는 의심을 받았다. 소크라테스와 플라톤은 완고하게 그런 의심의 목소리를 내었다. 그리고 시라쿠사의 디오뉘시오스에게 보낸 편지에서 플라톤은, 인격은 단순히 기관 내에서의 연구가 아니라, 교사와 학생 간의 고귀한 교유라는 고무적인 사례에 의해 형성되어야 한다고 다정하게 조언했다(『일곱째 편지』 341c). 더 높은 도덕적인 요구들을 포기하고, 논리학이나 연설술만을 가르친다고 주장을 제한할 수밖에 없었던 소피스트들에 속하는 사람들조차 '무엇인가를 할 능력이 있는 사람은 그것을 하고, 그러지 못하는 사람은 가르친다'는 현대적인 냉소와 같은 것으로부터 공격을 받기 쉬운 상태에 머물렀다. 우리가 교사에게 다음과 같이 묻는다고 해 보자. "당신은 제자들을 당신보다 더 나은 사람으로 만들 생각입니까, 아니면 그저 당신만큼만 되는 사람으로 만들 생각입니까?" "앞의 결과를 성취할 자격이 안 된다"거나, "만일 그저 뒤의 결과만을 시도한다면 야심이 없다는 것이다"는 답변을 교사는 예견할 수 있을 것이다. 하지만 공정하고도 믿을 만한 답변은 다음과 같은 글 안에 놓여 있을 것이다. "내 동료들의 도움을 받아, 나는 정말로 제자들을 나 자신보다 더 나은 사람으로 만들길 바란다. 나 혼자는 그러한 결과를 성취할 수는 없겠지만, 우리의 노력들이 결합된다면 그것에 이를 수 있다. 인문학을 가르치는 선생은 제자들이 인간관계와 인간사 문제들을 숙고하도록 격려한다. 과학자는 제자들이 무생물과 인간 이하의 존재를 숙고하도록 격려한다. 그리고 체육 교사는 숙고가 불가능하거나 바람직하지 않은 경우들에서 그들이 신속하게 정력적으로 행동하도록 훈련시킨다." 불행하게도, 그와 같은 대답은 그 소피스트가 손에 넣을 수 있는 것이 아니었다. 협동의 분위기에서 작업하는 것과 거리가 멀게, 그는 본질적으로 다른 소피스트들과 공개적인 경쟁관계에 있는 자유 활동가였다. 모든 소피스트들이 프로타고라스처럼 신사적인 학자들인 것도 아니었다. 값싸고 번드르르한 슬로건들에 치중하는 모습을 보면 그들은 너무나도 자주 현대의 언론인이나 TV 토크쇼 진행자를 닮았다.

히피아스는 자신이 가진 모든 가정적인 탁월성들에도 불구하고 그런 부류에 속했던 것으로 보인다. 『대 히피아스』에서 그의 성격은 소크라테스의 것과 날카롭게, 그리고 의도적으로 대조된다. 그의 가르침이 상업적으로 성공하고 있다는 자부심은 부에 대한 소크라테스의 경멸에 대조되고, 그의 앎에 대한 자부심은 소크라테스의 역설적인 무지 공언에 대조되고, 대중 의견에 대한 그의 다소 야비한 존중은 대중 의견으로부터의 소크라테스의 독립에 대조된다. 멋진 신발을 신는 그의 즐거움조차도 아마도 맨발로 다니던 소크라테스의 알려진 습관을 가리키도록 언급되어 있을 것이다. 이 작은 1막 희극 또는 성격 묘사에서 —— 왜냐하면 플라톤은 버나드 쇼[영국의 극작가·비평가, 1856~1950]가 철학자였던 것보다 더 극작가의 기질을 가졌기 때문이다 —— 그것이 개시하는 미(美)의 주제를 전개할 공간은 작다. 우리가 이미 지적했듯이 플라톤의 어느 대화편에서, 순전히 논리적인 문제들은 철저하게 검토되지만, 화제가 되는 문제는 종종 해결되지 않은 채 끝난다. 그리고 이는 많은 초기 대화편들이 지닌 무-결론의 성격을 설명해 준다. 『대 히피아스』에서 소크라테스는 자신의 정교한 방식으로 그 소피스트에게 귀납적인 추리를 가르치려고 꾀하고 있다. 히피아스는 어리석어서 정의(定義)와 사례 간의 차이조차 파악하지 못한다. 논리학의 가르침조차 숙지하지 못한다. 그리고 그것 없이는 미의 본성에 관한 탐구가 그다지 진전될 수 없다는 점을 우리는 확신할 수 있을 것이다.

하지만 『대 히피아스』의 논리는, 사실 히피아스의 지성이 가진 한계들에 의해 제약되지만, 우리의 탐구에 긍정적인 가치를 지닌다. 왜냐하면 이 논리는 귀납적인 방법의 타당한 논리이고, 그것의 유용성은 플라톤의 다른 대화편들에서 사용된 보다 변덕스러운 몇몇 체계들에 비하여 나을지언정 뒤지지 않기 때문이다. 아리스토텔레스는 실제로 『형이상학』에서 귀납적인 방법과 보편적으로 적용되는 정의를—플라톤이 아니라—소크라테스가 철학에 크게 기여한 두 가지 점이라고 인정한다. 그러나 소크라테스는, 플라톤 학파가 했던 것처럼 보편자들과 정의들을 분리된 실재들로 만들어 놓지 않았다는 점을 아리스토텔레스는 계속해서 주목한다. 우리가 이미 보았듯이, 이런 식으로 개념들을 공상적으로 실체화한 점은 플라톤 이데아론의 근간을 이루고, 그가 이 이론을 버린 곳에서조차 여전히 그를 따라다니며 괴롭힌다. 논리학의 측면에서 말하자면, 플라톤은 소크라테스로부터 한 걸음 후퇴했다. 또는 적어도 소크라테스와 아리스토텔레스 사이에 놓인 직선에서 벗어났다. 그렇다면, 『대 히피아스』는 플라톤적 대화편이라기보다는 소크라테스적 대화편이다. 그리고 실제로 근년(近年)까지, 플라톤이 그것을 쓴 진짜 작가라는 점은 심각하게 도전을 받았다. 그것은 어떠한 보편적인 정의에도 이르지 못한다. 그러나 그러한 정의로 유도되어야 할 사례들이 솜씨 좋게 그리고 교묘하게 전개된다. 결국, 그 작품은 아주 짧아서 — 그것은 옥스퍼드 판 텍스트에서 37쪽을 차지한다 — 보다 거창한 것은 포기한다.

이 지점에서, 바로 『대 히피아스』는 우리의 논의를 위해 아주 귀중한 출발점을 제공하기 때문에, 대화편의 내용을 간단히 요약해 보는 것이 좋겠다. 대화는 짧막한 승강이로 시작되는데, 여기에서 히피아스는 소크라테스의 비꼼을 알아차리지 못하고, 자신의 지식과 이로 말미암아 그가 벌어들인 돈을 만족스러운 듯 자랑한다. 소크라테스는 내심 겸손해하며 미의 문제를 제기한다. 그리고 겉으로는 이름 모를 제삼자를 위해, 그 성질에 대한 정의를 요구한다. 우리가 관찰했듯이, 정의들을 경험한 적이 없었던 히피아스는 대신 사례들을 제공한다. 그는 먼저, 아름다움은 분명히 아름다운 소녀 안에 있다고 주장한다. 소크라테스는 아름다운 암말과 아름다운 리라도 아름답다고 지적한다. 히피아스는 동의하면서도, 소크라테스가 이러한 사례들에다 아름다운 도기를 추가하려 할 때 거부감을 보인다. 이 소피스트의 흐릿하고도 철학적이지 못한 마음속에조차도 열정과 결부된 미와 단순한 인정의 대상인 미 사이에 구별이 있다.

소크라테스는 아주 예술적인 '도기', 즉 도기제조술의 진정한 걸작을 내세운다. 그러나 히피아스는 그러한 대상이 아름답다고 인정하면서도, 도기는 소녀에 견주어 보면 아름답지 않다고 대꾸한다. 이걸 기회로 삼아, 소크라테스는 아름다운 소녀는 아름다운 여신과 비교가 되지 않는다고 덧붙인다. 소녀가 여신과 비교되는 것은 도기가 소녀와 비교되는 것과도 같다. 다른 정의들이 이제 시도된다. 히피아스는 황금은 항상 아름답다고 주장한다. 그러나 소크라테스는 황금과 상아로 된 페이디아스[그리스 조각가, 기원전 약 480~430]의 아테네 여신상은 눈알이 돌로 되었다는 점을 그에게 기억시킨다. 황금이 항상 아름다운 거라면, 왜 그 상은 모두 황금으로 되어 있지 않은가? 히피아스는 황금은 적합할 때에만 아름답다고 인정한다. 그리고 소크라테스는 그 점을 강조하며, 통속적인 사례에 대한 반대에도 불구하고, 무화과나무 국자는 황금으로 된 국자보다 [요리의] 작업에 더 적합하고, 그래서 그것이 더 아름답다는 인정을 끌어낸다.

히피아스는 나아가 도덕적인 미에 근거한 '정의'를 시도한다. 그는 건강, 부, 명예를 소유하는 것, 오래 살며 부모에게 제대로 된 장례를 치르는 것, 그리고 제 자식들에게도 똑같이 효성스런 대접을 받는 것이 어떤 상황에서든 아름답다고 선언한다. 이는 그를 거북스런 신화적인 결론들에 말려들게 한다. 확실히, 젊어서 영광을 누리며 죽는 것과 평범한 노년 사이에서 선택을 요구받았을 때 아킬레우스가 후자를 택했더라면 아름답지 못했을 것이다! 그리고 어떤 경우든, 어떻게 신적으로 태어나거나 생겨난 영웅들이 자신들의 부모들을 불멸의 신들인데 매장할 수 있겠는가? 소크라테스는 이제 논증을 주도하기 시작한다. 미가 '유용하다'거나 유익하다고 생각하는 것은 둘 다 거부된다. 그리고 마지막의 흥미로운 주장은 미를 시각이나 청각을 매개로 해서 얻는 즐거움으로 간주한다. 이것은 우리가 나중의 단계에서 가까이 주목할 개념이다. 왜냐하면 그것은 플라톤의 다른 저술에 나오기 때문이다. 이렇게 해서, 우리는 『대 히피아스』에서 우리에게 친숙한 다양한 부류의 미들을 발견한다. 선과 색의 배열에 따른 도기제작술의 형태미가 있다. 이 개념으로 소크라테스는 시각과 청각의 즐거움들을 말할 때 되돌아간다. 무화과나무 국자를 황금 국자로 대체함으로써 짓밟히는 기능미는 형태미에 가까이 연결되어 있다. 그것의 주성분은 조화이다. 형태미에서 모양, 색, 소리는 하나의 유형을 만들도록 어떤 단일한 원리에 의거해 결합된다. 영국의 미학자 버나드 보상케에 따르면, 다양성 속의 통일성은 고대 그리스인들의 공으로 인정된 유일하게 타당한 미학적 원리였다.[1] 보상케는 그리스인들을 과소평가했다. 하지만, 다양성 속의 통일성은 확실히 그리스 철학자들이 최초의 시기부터 예리하게 의식하고 있었던 미적 원리였다. 그리고 우리는 음악적인 조화에 속한 본질적으로 수학적인 본성에 대한 자각을 피타고라스주의자들에게 빚지고 있다는 사실을 잊어서는 안 된다. 분명히, 기능미에 대한 우리의 감각도 형태미에 의해 분발된 그와 같은 조화에 대한 지각에 기인한다. 다양한 노력과 장치는 하나로 묶어 주는 목적에 의해 통합된다. 또는 다양한 목적들은 단일한 작품 안에 통합되어, 각각의 목적에 보다 큰 자극을 전하는 결과를 낳는다. 통일성과 다양성의 원리는 유효하다. 그렇게 해서, 소크라테스가 언급한 아름다운 암말의 사례에서처럼, 형태미와 기능미가 쉽게 섞이는 일이 일어난다. 그 생물은 인간의 어떤 특정한 목적 — 말하자면, 전차를 끄는 목적 — 을 위해 감탄할 정도로 적응된 것으로서 평가될 수 있다. 또는 네 다리의 배치와 외피의 윤택은 본질적으로 하나로 묶여 힘, 통제, 활력을 연상시킬 수 있다.

우리가 개인적인, 도덕적인 가치들에 도달할 때에도 — 말하자면 통일성과 다양성의 — 조화에 대한 감각은 아마도 여전히 중요한 역할을 할 것이다. 히피아스가 미의 명백한 사례로서 주장한 아름다운 소녀는 아

---

1) Bernard Bosanquet, *A History of Aesthetic*, London 1892/reprint 1949.

마도 말이나 제조물의 경우와 마찬가지로 조화의 규범들에 의해 판정될 수 있을 것이다. 우리의 평가는 또한 기능적일 수 있다. 우리는 여성의 미가 부드러운 모성을, 배우자이자 동반자에게서 남성이 찾는 쾌활함과 우아함으로서 표출하기를 기대하지 않는가? 그리고 다시 히피아스가 세운 효심의 기준들과 이것들에 내재한 도덕적인 미는 어떠한가? 확실히, 여기에서도 적절함, 즉 무화과나무 국자의 속성에 비할 만한 행위의 속성이 있다. 하지만, 히피아스가 개인적이고 도덕적인 미의 쪽과 무생물적인 미의 쪽 사이에 있는 차이를 느낀 것은 여하튼 맞다. 그는 아름다운 암말과 아름다운 리라의 사례들을 걱정스런 마음으로 받아들인다. 이는 아마도 이런 대상들이 불러일으키는 고상한 인간적인 연상들 때문일 것이다. 그러나 그는 도기제조술의 최고 걸작조차도 소녀보다는 낮은 등급의 아름다움에 속한다고 생각한다. 아름다운 여신은 아름다운 도기보다 뛰어나다는 소크라테스의 고집은 히피아스가 자신의 본능적인 편애들을 옹호하여 말할 수 있는 어떤 주장에 대한 적합한 논리적 대답이다. 물론, 히피아스가 어떠한 감정을 사유로 이끄는 능력을 완전히 결하고 있다는 점이 그 대화편의 요점이다. 현대의 독자는 히피아스처럼 아주 많은 감정을 느낄 수밖에 없다. 여신과 소녀의 차이는 소녀와 도기의 차이보다 훨씬 작다. 왜냐하면 현대의 독자라면 여신들에 대한 경험은 아주 많지 않더라도 단테[이탈리아의 시인, 1265~1321]와 베아트리체[단테가 사랑하여 이상화한 여성] 등 많은 이상화된 위대한 사랑들을 역사와 문학에서 생각해 낼 수 있을 것이기 때문이다. 낭만미는 쉽게 숭고미에 이르지만, 동물들이나 무생물적인 창조물에 깃든 형태미와 기능미는 다른 등급에 속하는 것으로 보인다. 그 차이는 확실히 인격의 도래와 더불어 간다.

플라톤의 향연(Plato's Symposium, 1869년 作), Anselm Feuerbach(1829~1880)

1장_ 플라톤에서 낭만미

우리는 미가 두 가지인 것 ── 한편으로 형태적인, 지성적인, 기능적인 미와 다른 한편으로 열정적인, 낭만적인, 그리고 가끔은 숭고한 미 ──으로 보인다는 언급으로 머리말을 끝냈다. 이러한 질적 변화는 인격(personality)이 아름다운 대상에 관련되어 있는 모든 곳에서 나타나는 것으로 보인다. 동시에 우리는 물어야 한다. 미를 이런 식으로 나눔으로써 우리는 히피아스의 오류에 빠지고 있지 않은가? 미는 마땅히 단일한 실재를 지시하도록 기대되는 단일한 명칭이다. 만일 우리가 이 실재를 둘로 나눈다면, 한 경우에 그 이름은 잘못 적용되거나, 아니면 오로지 어떤 우연한 연상 때문에 적용되는 것임에 틀림없다. 그렇지 않다면, 이른바 한 종류의 미에 앞의 종류에 존재하지 않는 어떤 것이 추가되어 있다. 이와 같은 것이 우리의 논의에서 일어난 것처럼 보인다. 왜냐하면 우리는 미가 인격과 접촉하는 지점에서 변형된다고 말했기 때문이다. 그렇다면 우리는 미는 비인격적인 미에서처럼 인격적인 미에 현존하는 조화감이고, 낭만적이거나 종교적인 열정은 미에 의해서가 아니라 실은 미와 결합되어 있게 된 인격에 의해 조장된다고 말해야 하지 않은가? 이 경우 우리는 나아가, 다른 인격에 의해 우리가 매혹되거나 반발을 느낀다는 사실은 미의 문제가 아니라 좋음의 문제라고 덧붙이고, 그리스 철학자들이 도덕성을 아름다운 것에 포함했을 때 "그리스 미학은 의심할 여지없이 그물을 너무 널리 던진다"는 보상케의 말에 동의해야 한다. 하지만 우리가 우리의 개인적인 경험을 검토한다면, 어떤 본능은 확실히 이런 결론을 배척하길 요구한다. 사랑함과 사랑에 빠져 있음 사이에는 차이가 있다. 우리는 좋음은 사랑하지만 아름다움과는 사랑에 빠져 있다. 그리고 이는 인간적인 수준에서뿐만 아니라 종교적인 수준에서 참이다. 왜냐하면 우리가 착한 사마리아인의 방식으로 이웃을 사랑할 때, 우리는 사랑의 규율을 따르고 있지만, 이것은 사랑을 보는 것과는 사뭇 다르기 때문이다. 그것은, 러시아 실존주의자 니콜라이 베르댜예프[러시아 철학자, 1874~1948][1]가 지적하듯, 많은 기독교 신비주의자들의 보다 감각적인 외침들이 있고, 가끔 보다 평범한 신학자들에게 충격을 주는 이교(異敎)에 수반되는 취향이 있게 되는 원인이다. 그래서 인격 안에 있는 미는 단순한 물리적인 혼합이 아니라 친밀한 화학적인 결합에 비교될 만한 것으로 나타날 것이다. 그리고 그것이 비인격적으로 아름다운 것과 공통된 명칭을 갈망하는 것으로 보인다는 사실은 그것이 어떻게든 그러한 비인격적인 미와 관련되어 있음을 입증한다. 이런 관련은 심원할 수도 있고, 일시적일 수도 있다. 일시적이라면, 이를 가려내는 전문어를 사용함으로써 그것을 부수는 것

---

1) N. Berdyaev, *Spirit and Reality*, translated by O. F. Clarke, University Press, Glasgow 1935.

이 우리의 의무다. 다른 한편으로 그것이 심원하다면, 우리는 우리가 열렬한 개인적인 열정에 못지않게 초연한 지적인 기쁨에 존재하는 요인이나 힘을 발견했다는 점을 알게 될 것이다. 그렇다면 이 요인이나 힘은 미의 이름을 받을 가치가 있을 것이다.

우리는 여기에서 플라톤의 사상에 아주 가까이 있다. 그래서 다시 한번 그의 저술들에 대한 검토에 의지하는 것이 바람직하다. 왜냐하면 대화편들에 흩어져 있는 여러 구절들에서 우리는 플라톤이 사뭇 비체계적인 자신만의 방식으로 인격적인 낭만미와 이보다 냉정한 비인격적인 지성미 모두에 상당히 많이 집중하는 모습을 발견하기 때문이다. 그 둘의 연관을 그의 저술로부터 발견하기란 그다지 쉽지 않다. 그런 발견으로부터 정말 멀리 떨어져 있어서 어떤 비평가라도 그런 시도를 단념할지도 모른다. 그래서 R. 해크포스 교수는 『필레보스』 주석서에서 다음과 같이 쓴다. "그(플라톤)는 지금 에로스적인 신비주의의 관점으로부터가 아니라, 미학적인 분석의 관점으로부터 미에 접근한다. 이러한 접근들을 '조화시키려고' 시도하는 것은 무익하다. 왜냐하면 플라톤의 사유는 단일한 틀에 밀어 넣는 것을 거부하기 때문이다." 하지만 그 두 가지 접근이 조화될 수 없다면, 해크포스 교수의 지적이 암시하는 것처럼 보이듯 그냥 그 문제를 다루길 그만둘 것이 아니라, 어디에 부조화가 놓여 있는지를 보여 주는 것이 우리의 철학적인 책무로 남는다. 더욱이, 우리가 독자를 지금의 초기 단계에서 우리의 확신으로 이끌 수 있다면, 우리는 우리가 비밀을 지니고 있다고 인정해야만 한다──이것은 두 가지 접근이 조화될 수 있고, 그러한 조화에 대한 증거는 우리가 어디를 보아야 할지를 알기만 한다면 플라톤 자신의 저술에서 발견될 수 있다는 비밀스런 믿음이다.

플라톤에서 비인격적인 미와 관련된 구절들을 먼저 살펴보는 것이 아마도 보다 순서에 맞는 것처럼 보일지도 모른다. 왜냐하면 이것은, 적어도 히피아스의 가치 척도에서는, 보다 낮은 미의 기준으로 생각된 것으로 보이고, 전개의 관점으로부터도 인격적인 미에 선행하는 것으로 간주될 수 있을 것이기 때문이다. 그렇지만 실제로, 우리는 정반대의 것을 하게 될 것이다. 이렇게 하는 이유는 다음의 두 가지이다. 첫째, 여느 대화편보다 플라톤의 낭만미를 더 잘 예시하는 『향연』은 또한 우리가 지성미를 살펴보고자 할 때 중요한 구절들을 담고 있으므로, 그것은 여느 대화편보다도 두 가지 미의 비교를 위한 토대로 받아들여져야 한다. 둘째, 플라톤의 다른 작품들에서 어떤 종류의 미에 대해 제시된 것보다 더 지속적이고 체계적인 설명이 낭만미에 대해 『향연』에 제시되어 있다. 『파이드로스』가 이 측면에서 가능한 적수로 고려될 수 있을 것이다. 그리고 우리가 확실히 그것을 『향연』과 연결하여 연구해야 올바를 것이지만, 검토해 보면 『파이드로스』는 『향연』에 보이는 체계의 한 가지 단계 또는 양상일 뿐인 것에 대한 보다 상세하고도 정밀한 연구를 우리에게 제공하는 것처럼 보인다. 따라서 『향연』이 관련 주제에 대한 보다 포괄적인 권위이고, 먼저 다뤄져야 한다. 그런데도 『향연』과 『파이드로스』는 플라톤이 해당 영역에서 지성미에 대해 관찰한 내용들로부터 모일 수 있는 어떤 설명보다 더 가깝게 낭만미에 대한 체계화된 설명에 접근한다. 하지만 뒤의 영역에서의 탄탄한 토대는 앞의 영역에서의 추론을 돕고 북돋을 것이다. 아마도 또한, 나는 '낭만적인'과 '지성적인'과 같은 모호한 용어들을——특히 그리스 사유와 관련하여 '낭만적인'이란 용어를——사용하는 것에 대해 해명해야 할 것이다. 그러나 정의는 우리의 목적이지, 우리의 출발점이 아니다. 그리고 그러한 용어들은 연상을 통해 독자에게 친숙하게 될 것으로 기대된다. 의미를 연상을 통해 전달하는 능력은 철학자가 수학자에 비해 누리는 장점이다. 단, 그가 단어들을 어느 때 연상적으로 사용하고, 어느 때 전문용어로, 즉 정의에 근거를 둔 것으로 사용하는지를 아는 일은 지극히 중요하다.

『향연』에 대해서 말해 보자. 이 대화편의 제목은 때로는 '연회' (The Banquet)로 옮겨지지만, 이는 유감스러운 번역어로 여겨야 한다. 'Symposium'은 '함께 마심'을 뜻할 뿐이다. 그리고 강한 양념 없이 조직적으로 음주하는 습관은 주로 북부의 야만인들에서 관찰될 수 있는 반면, '연회'는 불행하게도 대도시 시장들과 시의원들을 연상시키는 용어이다. 이것은 플라톤이 기술하는 소규모의 친밀한 파티에 부적합한 말이다. 그리스인들은 사람들로 꽉 찬 공간에 불편하게 서 있는 대신 침상에 기대어 '함께 마심'을 두드러지게 즐겼다는 점을 제외한다면, 아마도 '칵테일 파티'가 현대의 독자에게 더 잘 그 의미를 전달할 것이다. 엘리엇[영국 시인 및 평론가, 1888~1965] 씨의 극 제목과의 일치는 결코 우연이 아닌 듯하다. 왜냐하면 두 작품의 주제와 분위기가 기묘하게도 비슷하기 때문이다. 두 작품 모두 분위기를 세련된 주흥의 상황들 속에서 이루어 내고, 여기에서 지성인들 사이의 친밀한 '함께 마심'은 친밀한 '함께 이야기함'으로 이어진다. 두 작품에서 또한 주제는 승화된 열정에 관한 것이다——물론, 그리스 작품에서는 동성애적인 열정이 강조된다. 이는 보통의 감수성을 지닌 현대의 독자에게 혐오스럽게 보일지 모른다. 그러나 어떠한 모욕감이라도 가라앉히기 위해, 우리는 이 장(章)의 마지막에서 이 문제에 대해 더 많은 것을 말할 것이다. 현재로서는, 승화가 플라톤 관념론의 본질이고,

'플라톤적인 사랑'이란 표현은, 우리가 그것을 이해하게 되었듯이, 성적인 활동을 미리 배제하면서도 성적인 유혹을 부인하지 않는다고 주장하는 것으로 충분할 것이다.

　이 유명한 모임의 이야기는 모임 자체가 일어난 것으로 추정된 때로부터 약 16년 뒤에 아폴로도로스란 사람에 의해 그의 친구에게 전달된다——우리는 얼마만큼 그 상황이 역사적인 것이었는지, 그리고 얼마만큼 저술의 원형이 실제로 많은 그와 같은 모임들에 바탕을 둔 것인지 절대적으로 확신할 수 없다. 아폴로도로스는 그 이야기를 열렬한 소크라테스 추종자인 아리스토데모스로부터 들었다. 아리스토데모스는 이야기의 서술이 시작되었을 때 소크라테스를 '따라가고' 있었던 것으로 보였다. 왜냐하면 마침 젊은 비극작가인 아가톤이 최근에 성공한 자신의 무대를 축하하고 있었고, 소크라테스는 그 축하 파티에 초대되었기 때문이다. 소크라테스는 실례를 무릅쓰고 아리스토데모스를 데려가면서 정신을 딴 데 두고 어디로 가고 있는지를 잊어버리고, 그래서 아리스토데모스는 철학자에 꽤나 앞서 불청객으로서 아가톤의 집에 다소 난처하게 도착한 것으로 보인다. 하지만 아가톤은 상황을 곧장 알아차리고, 즉시 초대받지 않은 손님을 편하게 모신다. 소크라테스 자신은 그 현장에 이윽고 도착한다. 다른 손님들은 우리가 이미 만난 바 있는 소피스트 히피아스의 제자 파이드로스, 아가톤의 친구이자 문학적인 팬 파우사니아스, 의사 에뤽시마코스, 그리고 후대에 11편의 작품이 보존된 위대한 희극작가 아리스토파네스였다. 아가톤의 경우 작품이 전혀 남아 있지 않다. 이는 유감스러운 일이다. 왜냐하면 아리스토텔레스의 『창작술』(시학)에서 우리는 그의 드라마 작품에 관련하여 감질날 만큼 흥미로운 정보를 발견할 수 있기 때문이다. 그는, 현대의 극작가들처럼, 허구적인 인물들을 등장시키면서 그리스 비극의 전통적인 주제들에 대한 언급 없이 비극작품들을 쓴 것으로 보인다. 그는 또한 제법 비판적인 이론가였고, 플롯의 기초를 "어떤 일이 개연성과 반대로 일어날 수 있을 법하다"는 원칙에 두었다. 문명을 이루는 최상의 요소들이 자기-파멸에 내맡겨진 것으로 보였던 우리 시대와 같은 시대에는, 삶 자체가 아마도 너무나도 비극적이어서 무대 비극의 보다 통절한 형태들을 조금이라도 허용할 수가 없었을 것이다. 그리고 아가톤의 극들에서 절정은 애상적인 것보다는 냉혹한 것(『리어 왕』보다는『맥베스』)을 목표로 삼았던 것으로 보였다. 아리스토텔레스는 그가 그의 극들 중 하나에서 행동반경을 너무 넓게 포함하려고 시도한다고, 또 무관한 합창부를 끼워 넣는 후대의 유행을 따른다고 비난한다. 하지만 그의 중요성은 의론할 여지가 없다. 그리고 우리가 그의 펜으로부터 나온 작품을 하나도 갖고 있지 못한 점은 그리스극에 관한 우리의 지식에서 심각한 틈을 의미한다.

아가톤의 파티는 분명히 전날 밤에 있었던 훨씬 더 거나한 술자리에 이어진 것이었다. 그리고 그의 손님들 중 몇 사람이 전날의 숙취를 거의 회복하지 못했기 때문에 그들은 준비된 음주보다는 준비된 대화의 밤을 보내기로 결정한다. 그들은 저마다 사랑을 찬미하는 연설을 하기로 동의한다. 그리고 실제로 그들 각각은 나름대로 언변의 달인이다. 그러나 소크라테스는 동참을 요청받았을 때 사랑의 힘에 대한 찬사보다는 그것에 대한 분석을 고집한다. 소크라테스가 만장의 갈채를 받으며 막 연설을 마치던 참에 파티는 몹시 취한 인물이 요란스런 무리들을 대동하고 등장함으로써 중단된다──그리고 결국 방해를 받는다. 그 사람은 아테네에서 가장 많이 '회자되는' 사람들 중 하나인 알키비아데스이다. 삶의 경로에서 보인 다방면에 걸친 그의 개성은 대중의 상상력에다 그를 플레이보이, 철학 애호가, 군사적 영웅, 아테네의 진보 정치의 스타, 범죄자, 배반자, 바람둥이, 구국인, 마지막으로 전례 없는 극도의 '국외자'로서 잇따라 제시했다. 알키비아데스는 평생 동안 아주 조금 억제를 당했다. 그리고 그가 제 머리에 두른 담쟁이덩굴과 제비꽃들과 리본들을 벗어 우승 작가에게 화관을 씌우고자, 우아하게 취해 아가톤의 파티에 나타났을 때에는, 평소보다 훨씬 덜 억제된 감정을 느끼고 있었다. 함께 술 마시자는 알키비아데스의 요구에 에뤽시마코스는 그도 사랑을 찬미하는 연설을 하라고 재촉한다. 하지만 그는 사랑이 아니라 소크라테스를 찬미할 것을 고집하고, 그의 찬미는 그조차도 아주 맨 정신인 순간에는 말하기 부끄러워할 법한 남다른 개인적인 고백의 형식을 띤다. 신체적인 아름다움이 균형 잡힌 지적인 평가의 대상이 될 수 있는 것처럼, 지적인 능력들은 신체적인 열정의 대상이 될 수 있다. 그리고 그가 지닌 젊음의 미가 아테네의 대사건이자 스캔들이었던 청년 시절, 알키비아데스는 소크라테스를 현혹시키고 타락시키려는 신중한 계획을 세운 것으로 보인다. 이 계획은 절망적이게도 실패했다. 소크라테스는 자신이 결코 타락되지 않는다는 점을 보여 주었을 뿐만 아니라, 그의 온화한 평정의 태도는 조숙한 소년의 파렴치한 구애에 흔들리지도 않았다. 이러한 보고가 있고 난 뒤에, 준비된 대화가 끊기고 다들 술을 마실 수밖에 없는 상황이 된 것은 의외가 아니었다. 아리스토데모스는 마지막으로 비극 창작과 희극 창작 각각에 속한 기능들에 관련하여 소크라테스가 아가톤과 아리스토파네스와 함께 대화하는 모습을 기억한다. 두 극작가가 잠들었을 때는 이미 새벽이었다. 소크라테스와 아리스토데모스는 조용히 그 집을 떠났다. 그런 다음, 철학자는 잘 씻고, 일과로 하루를 보냈다.

앞의 설명이 아직 『향연』을 읽지 않은 사람들에게 『향연』의 분위기를 조금이라도 전달하길 바란다. 하지만 이 대화편(이것은 플라톤의 가장 위대한 작품들 중 하나이다)의 유기적인 통일성은 분위기 이상의 것에 기인한다. 사랑이 아름다움에 대한 사랑으로서 분석되는 소크라테스의 연설은 완전한 미론(美論)인 것을 요약하여 제시한다. 하지만 이전 사람들의 연설들을 그것과 무관한 것으로 여기거나, 소크라테스가 한 말들에 의해 무용지물이 된 것으로 여겨서는 안 된다. 효과는 누적한다. 한 연설은 또 다른 연설을 위해 출발점 또는 논쟁점을 제공한다. 그리고 마지막의 알키비아데스 출현은 소크라테스가 단순한 소피스트가 아니라, 그가 조금 전에 유창하게 표현한 원칙들을 실천에 옮길 완벽한 능력을 지니고 있다는 점을 보여 주도록 짜여 있다. 하지만 우리가 지금 가진 관심은 특히 소크라테스의 연설이다. 앞에서 주목했듯이, 그의 연설은 아가톤의 연설에 이어진다. 그리고 이에 바로 앞서 소크라테스와 아가톤의 교체 장면이 짧게 나온다. 여기에서 이 작가는 어쩔 수 없이 사랑이, 그가 극작품에서 천명했던 것처럼, 최고로 아름답지는 않다고 인정하게 된다. 왜냐하면 사랑은 욕구를 함축하고, 욕구는 욕구된 것이 결핍되어 있음을 입증하기 때문이다. 따라서 아름다움과 좋음에 겨냥된 사랑은 이 두 성질들을 결핍하고 있음에 틀림없다. 아가톤은 이 반박을 착하게 수용하고, 소크라테스는 즉시 논증을 상술하기 시작한다.

적극적이고 건설적인 견해를 내놓을 때면 그렇듯, 그는 자신의 앎을 부인하고, 그의 입론을 신비스런 제3자의 것으로 돌린다. 이 경우에서는,

자신의 근거로서 디오티마라 불리는 만티네아의 '지혜로운 여인'을 인용한다. 만티네아는 펠로폰네소스 북부의 마을이었다. 그러나 그가 그 지역을 선택한 것은 '예언'을 의미하는 그리스어[manteia]에 대한 익살스런 지시로서 설명될 수 있다. 소크라테스도, 자신의 이런 설명에 따른다면, 한때 사랑을 아름답다고 생각했다. 그러나 디오티마는 그가 방금 아가톤에 반대해서 썼던 논증들을 사용함으로써 그를 그런 생각에서 깨어나게 했다. 더욱이, 사랑은 아가톤이 선언한 것처럼 신이 아니다——왜냐하면 신들은 좋고 아름답기 때문이다. 이와 동시에, 사랑이 추하다고 생각할 수 없고, 결론은 사랑은 인간적인 것과 신적인 것 중간에 있는 '다이몬' 또는 정령이라는 점이다. 철학이 지혜가 아니라 그것에 대한 욕구이듯, 사랑은 아름다움이 아니라 그것에 대한 욕구이다. 훌륭한 성질들의 소유는 결핍감에서 시작한다. 그리고 그것은 그가 다른 사람들보다 자신의 무지의 정도를 더 잘 깨닫는다는 차별화에 대한 소크라테스 자신의 겸손한 요구였다. 하지만, 아름다운 것에 대한 사랑과 좋은 것에 대한 사랑을 구별할 필요가 있게 된다. 모든 사람들은 자신들이 좋은 것이라고 생각하는 것을, 그것을 욕구한다는 의미에서, 사랑한다. 그러나 우리가 '사랑에 빠져 있음'의 현상에 의해 이해하는 이런 특수한 열정적인 욕구는 무엇인가? 디오티마는 사랑에 빠져 있는 사람은 '아름다운 것에다 좋은 것을 낳기를' 욕구한다고 설명한다. 그리고 이러한 관념은 미를 통한 교육 체계를 위한 출발점을 제공한다. 신체적으로 사랑에 빠져 있는 사람들은 통상적인 방식으로 인간의 아이들을 낳지만, 정신적으로 사랑에 빠져 있으면서 영웅적이고도 자기희생적인 행위들을 낳는 일도 가능하다. 아름다움에 대한 욕구와 불멸에 대한 욕구는 밀접하게 관련되어 있다. 그리고 우리는 본능적으로 동물들이 하는 방식으로 우리의 후손을 통해 우리 자신을 영속시킬 수 있지만, 불멸의 명성을 얻는 일은 자기-영속화를 위한 보다 높고도 보다 만족스런 수단을 제공한다. 인간이 제 운명을 완수하는 일은 욕구를 물질적인 대상들로부터 단절시키고, 그것을 숭고한 야망들에 집중시키는 데에 달려 있다. 그리고 플라톤은 동성애적인 애착이 보통의 애착보다 훨씬 더 강렬한 자극을 그러한 승화에 제공한다는 점을 깨달았다. 알키비아데스의 고백은, 그리고 이보다 더 특별히 『파이드로스』에서 같은 주제에 대해 이야기된 내용은 플라톤이 그러한 애착들에 속한 타락의 위험들을 못 보지 않았다는 점을 입증한다. 하지만 이와 동시에 사악한 것에 대한 유혹은 종종 숭고한 것으로의 충동과 밀접하게 연결되어 있다——이는 단지 중도가 닫혀 있기 때문이다. 때로는 영웅적 행위와 비겁, 청렴과 부패 사이에 중도가 없다. 그리고 이러한 상황은——조지프 콘래드[폴란드 출신의 영국 소설가, 1857~1924]의 『로드 짐』(*Lord Jim*)에 나오는 주인공에게 발생했던 것처럼——인생의 어떤 위기나 우연한 일을 통해 발생할 수 있다. 또는 그것은 개인의 성격에 깊이 뿌리박힌 성향을 통해 일어날 수 있다. 확실히, 우리는 그러한 상황들 위에 기초한 교육 체계나 정신적인 '훈련'(askesis)이 전부가 아니면 아예 포기하는 일, 되느냐 안 되느냐의 모험이라는 점을 인정해야 한다.

그래서 디오티마에게 귀속된 체계에 따르면, 잘 생긴 소년을 사랑하는 사람은 그의 관심을 하나의 미에 대한 사랑으로부터 다수의 그러한 미들에 대한 사랑으로 돌려야 한다. 물론, 이것은 위쪽으로 향한 걸음이다. 왜냐하면 다수에 대한 사랑은 아무런 것에 대한 사랑과 혼동되어서는 안 되기 때문이다. 어디서든 발견되는 개인적인 미를 사랑하는 사람은 어디서든 발견되는 개인적인 미의 애인이 되길 바랄 수 없다. 그리고 그런 정도로 신체적인 배출구는 막히고, 힘의 저장소가 정신적인 상승을 위해 만들어진다. 사랑하는 사람은 이제 자신의 생각들을 신체적인 미 일반에 대한 사랑으로부터 정신과 성격의 미로 돌려야 한다. 물론 그는 이 점에서, 처음부터 마음과 신체의 미를 한 사람 안에서 발견한다면, 도움을 받게 될 것이다. 그러나 나중에는, 그 자신의 우월한 지식과 경험으로써 도움을 줄 수 있다면, 그는 볼품없이 태어난 젊은 친구조차도 우연히 자신의 길에서 만나더라도 만족한다. 여기에서 새로운 요인, 즉 '허약함 안에서 완전하게 된 힘'에 대한 감각이 활동하기 시작하는 것으로 보인다. 더는 관조가 강조되지 않고 행위가 강조된다. 정신적으로 성장하는 시기는 멈추고 정신적인 출산에 자리를 내주었다. 이 지점에서 사랑하는 사람은 개인적인 미로부터 전적으로 방향을 돌리고, 열렬하게 시민적인 삶의 활동들과 법률들에 몰두한다. 여기에서도 그는 미의 영역을 발견한다. 이러한 고양된 열정은 다음으로 관조가 본래적인 사유와 산출에 밀접하게 연결되어 있는 곳인 연구와 철학에 양보한다. 플라톤의 사다리에서 마지막 걸음은 불멸을 열망하는 사람이 '미'를 첫째, 모든 창조물에 스며드는 보편적인 성질로서, 둘째, 그것으로부터 분리될 수 있는 영원한 이데아로서 지각할 때 이루어진다. 여기에서 우리는 논쟁의 여지가 있는 그의 이데아론에 말려들지 않고서는 아주 가까이에서 플라톤을 쫓아갈 수 없다. 그러나 그는 『향연』에서 탁월성이 힘들지 않는 기쁨이 된 지복(至福)의 상태를 그리는 것처럼 보일 것이다. 더군다나 아주 자연스럽게 그렇게 되어, 미(美)가 야기하는 성장과 미에 산출된 좋음(善) 사이에 비참한 긴장의 시기가 없다. 더는 그림자가 '감정과 반응'(the emotion and the response)[엘리엇의 시 「텅 빈 사람들」의 한 구절] 사이에 드리우지 않는다.

『향연』에서 『파이드로스』로 가면서 우리는 두 대화편의 주제들이 동연(同延)이지 않지만 겹친다는 점을 발견한다. 아니 이보다는 『향연』에 개요된 에로스 철학의 확대로 여길 만한 부분이 상당히 『파이드로스』에 있다. 이 진술조차도 변경이 필요하다. 왜냐하면 『파이드로스』에서는 정신적인 사다리의 낮은 가로장들, 즉 '미'가 여전히 개인적인 것에 집착하는 단계들만 풍부하게 다뤄지고 있기 때문이다. 하지만 논평하기 전에, 우리는 아마도 독자 앞에 이 위대한 대화편에 대해 몇 가지 일반적인 사실들을 내놓아야 할 것이다. 『파이드로스』가 『향연』의 방식으로 잘 다듬어진 통일체가 아니라 오히려 그 반대라는 점을 우리는 즉시 인정해야 한다. 왜냐하면 그것은 부자연스럽게 두 부분으로 나뉘기 때문이다. 히피아스의 제자인 파이드로스는 『향연』에서도 대화자였다. 그리고 소크라테스와 함께 전원으로 가는 길에 일리소스 강변에서 그는 연설가 뤼시아스의 연설에 대해 토론한다. 그의 연설에서 동물적인 열정이 역설적이게도 낭만적인 열의에 비해 찬양된다. 이런 논의는 D. H. 로렌스와 1930년대 그의 학파가 수용한 담론 노선과 다소 비슷하다. 자연은 인간 본성을 희생하여 장려된다. 문명화된 충동들은 원초적인 순결의 단순한 곡해들로서 간주된다. 인간은 동물성으로 돌아가야지, 신성으로 나아가서는 안 된다. 비슷한 연설을 하도록 요구받고, 소크라테스는 낭만적인 사랑에 대한 공격에 착수한다. 하지만 그는 동물적인 욕망을 옹호할 말이 없고, 이내 사랑에 대한 비난을 철회하기까지 한다. 이러한 철회는 우리가 지금 이 대화편에서 주로 관심을 갖는 부분이다. 그의 말이 끝났을 때, 대화는 다시 한 번 연설술 일반의 주제로 향한다. 여기에서 문자의 가치들에 관해 이야기된 것은 상당히 흥미롭기는 하지만, 에로스적인 열정과 이것의 승화에 관한 앞의 분석과는 특별한 관계가 없다. 우리가 관찰했듯이, 이 대화편은 『향연』의 통일성을 결한다. 왜냐하면 연설술에 관한 토론과 사랑에 관한 토론은 아주 느슨하게 ─ 사랑이 애초에 비판에 맡겨진 것으로서 우연히 연설에서 선택된 주제라는 상황에 의해 ─ 연결되어 있을 뿐이기 때문이다.

하지만, 소크라테스의 '철회'를 살펴보자. 왜냐하면 그것이 사랑에 대한 찬사의 형태를 띠는 한에서, 우리는 자연스럽게 그것을 『향연』의 비슷한 찬사들 곁에 놓기 때문이다. 그것은 '세트'에 속한다. 하지만 어떤 측면들에서, 그것은 『향연』과는 다른 어조를 내비친다 ─ 이 차이는 뒤의 대화편 마지막쯤에 알키비아데스의 고백에 희미하게만 예시되어 있다. 『향연』에서 소크라테스가 펼친 연설은 승화된 열정의 찬란한 잠재성들에 대해 상술한다. 실제로, 『파이드로스』도 순수하고도 고귀한 사랑하는 자의 승리와 보상을 선언한다. 그러나 이와 동시에, 그것은 사랑하는 사람을 도중에 괴롭힐 열정의 위험들과 함정들, 정신적인 고통들과 육체적인 유혹들을 『향연』보다 훨씬 더 강조한다. 우리는 두 대화편에 나타난 에로스적인 열정에 대한 취급을 현대 심리학의 두 측면과 비교할 수 있다. 승화에 억제가 수반되어야 한다. 저수지는 통제되지 않은 급류를 막은 다음에만 전력을 위해 내보낸다. 심리학은 '억압'(repression)과 '억제'(suppression)를 구분했다. 전자는 본능을 인지하지 못함을 나타내고 일종의 자기기만을 이룬다. 후자는 충동을 잘 인지하여 즉각적인 방출을 거부함을 의미한다. 천박한 언론인은 두 과정을 '금지'(inhibition)라는 한 항목 하에서 혼동한다. 이를테면 '억제'는 구식의 도덕성이고, 승화는 현대 학문의 위대한 발명이고, '억압'은 빅토리아 여왕과 더불어 사라진 것으로 추정되는 옛 습관들 중 하나이다. 물론, 언론인은 항상 유행에 뒤져서는 안 된다. 그래서 그는 승화를 칭찬하고 억압(또는 '금지')을 공공연히 비난할 때, 억제의 주제에 침묵을 유지한다. 아주 구식이긴 해도 추천할 만한 것을 그는 어쩌면 권할 수 없을 것이다. 하지만 나는 플라톤의 미론(美論)을 배우는 현대의 학생들이 언론인의 사유가 우리 목구멍 아래로 이리저리 쏟아붓는 진흙투성이의 혼합물을 보다 학문적이고도 비판적인 강독을 이루는 더 선명한 밑그림으로써 희석하길 바란다. 그 결과, 『향연』으로부터 『파이드로스』로 향하면서, 뒤의 대화편이 훈련, 자기 통제, 유혹 등의 유행에 뒤진 다른 개념들에 대한 저항이 정신 발달에서 본질적인 역할을 한다는 점을 암시하더라도, 자신들이 어떠한 퇴보적인 일도 하지 않는다고 느끼길 바란다.

사랑에 대한 소크라테스의 설명은 『파이드로스』에서 추락한──말 그대로 추락한──본성의 비유를 언급함으로써 공들여 마무리된다. 왜냐하면 우리는 다음과 같이 배우기 때문이다. 즉, 혼은 한때 하늘에서 신들과 함께 살았다. 그곳에서 혼은 신들처럼 두 마리의 말이 끄는 마차를 갖췄고, 신들의 경로를 따라 창공을 통해 하늘 천장의 바깥 면으로, 그곳의 유리한 위치로부터 보이는 이상적인 진리와 미에 대한 숭고한 통찰을 마음껏 즐기기 위해, 그들을 따라갔다. 그러나 신들의 말들은 자신들에게 주어진 일을 감당할 수 있고 그것을 열망하지만, 인간의 마차는 기댈 수밖에 없는 말들 중 한 마리한테 배신을 당한다. 이 짐승은 마부가 일러주는 대로 곧잘 반응하는 고상한 동료 말(馬)에 어울리지 않게 버릇이 나쁘고 다루기 힘들다. 그래서 인간의 혼들은 결코 완전한 전경 또는 자신들의 말들이 방목되는 '진리의 평원'에 좀처럼 이르지 못한다. 그리고 그들은 결국 그들이 한 번 잠시 누렸던 숭고한 경험에 대한 희미한 기억만을 가진 채 다시 땅위로 떨어진다. 그 기억을 조금 더 따뜻한 빛으로 부추기는 데 쓸모가 있을 뿐인 무의미한 현상들의 세계에 어리석은 상태로 머문다. 우리는 다음과 같이 듣는다. 하늘에서 어떤 혼들은 다른 혼들보다 더 성공적으로 신들을 따라 자신들의 빛나는 유리한 위치에 이른다. 그리고 그 혼들에서 신적인 실재들에 대한 기억은 보다 강하게 지속된다. 그러한 혼들은 달 아래의 세계에서 철학자가 되고, 이보다 덜 특권이 있는 혼들은 왕, 정치가, 장사꾼, 운동선수, 의사, 제관, 작가나 예술가, 장인이나 농부, 소피스트나 선동가, 마지막으로 폭군이 된다. 이는 그들이 하늘 위에서 누렸던 통찰의 순수성에 따라 자질이 하강하는 순서이다.

물론, 이 신화는 혼의 윤회에 관한 플라톤의 이론들에 중요한 의미를 지닌다. 이에 따르면, 지식의 직관적인 토대는 이전 존재에 대한 상기(想起)로서 설명된다. 하지만, 우리는 여기에서 그러한 이론들에 관심을 갖지 않는다. 그리고 우리는 그 이론들이 『파이드로스』에서 전개되는 과정을 추적할 필요도 없다. 우리가 관심을 갖는 것은 땅으로 떨어진 혼들의 이력이다. 이 혼들은 신들을 따랐던 마부들이 치고받는 와중에 제 날개를 헛수고로 펼치려다 날개가 멍들고 부러진다. 추락한 혼은 여전히 원래처럼 마부와 두 마리의 말로——이 말들 중 하나는 착하고 하나는 악하다——상징된 세 가지의 것으로 혼합되어 있다. 과거의 영광들에 대한 혼의 상기는 아주 희미하다. 하지만 미에 대한 어떤 모상(模像)들, 특히 사랑하는 사람이 그의 애인에게서 발견했던 것들은 혼에게 아주 강하게 본원적인 천상의 미를——이것은 혼이 단순한 모상의 세계에 육화되기 전에 알았던 미이다 —— 생각나게 한다. 그래서 불구가 되고 잘린 그것의 날개는 새롭게 자라도록 북돋움을 받는다. 그리고 이러한 성장과 더불어 낭만적인 개인 관계들의 일상사인 성장의 아픔이 발생한다. 왜냐하면 마부는, 착한 말의 도움을 받아, 하늘에 있는 그의 고향을 다시 발견하고, 그에게 그것을 되돌려 줄 힘과 영감을 모으려고 노력하는 반면에, 그의 향수의 감정은 악한 말의 다루기 힘든 짓거리에 의해 악화되기 때문이다. 이 악한 말은 그를 동물적인 감성 아래로 끌어내리기 위해 제가 할 수 있는 한 모든 것을 한다. 천상에 있을 때 가장 선명한 통찰을 누렸고, 천정(天頂)으로 가는 길에 신들 중 가장 위대하고 지혜로운 제우스의 마차를 따랐던 철학자들만이 자신들의 본성 안에 든 그런 배반적인 요소에 반대되는 증거이다. 아레스[전쟁의 신]나 약간 저급한 어떤 신을 따랐던 사람들은, 고귀한 교제를 할 수 있지만, 타락하는 쇠퇴들이 없을 것이란 보장을 받을 수 없다.

우리가 『향연』과 『파이드로스』에 제시된 승화된 열정에 대한 설명들을 비교하길 바란다면, 몇 가지 흥미로운 점이 지적될 수 있다. 『파이드로스』는 철학자-사랑하는 사람의 진보에서 아직 한 사람에 반해 있는 단계에 집중한다. 승화는 신체적인 욕망의 힘이 결국 정신적인 통로들로 지도되고 미에 대한 고상한 지각과 조화되는 한에서 발생한다. 하지만 이 승화는 단일하고도 평생에 걸친 '진정한 정신들의 결혼'의 틀 내에서 성취된다. 『향연』에 규정된 방식처럼, 하나의 아름다운 신체에 대한 사랑으로부터 많은 것들 안에 든 미의 식별로 진전함에 대한 물음은 없다. 둘째, 사랑은 다른 어떤 객관적인 미와 교제하는 가운데 구원을 추구하는 정신적인·신체적인 성장의 자극에 의해 조장될 뿐만 아니라, 사랑하는 사람의 미에 대한 지각은 또한 주관적으로 결정되기도 한다. 왜냐하면 하늘로 가는 길에서 아레스를 따랐던 사람들은 '호전적이고' 힘센 성격의 애인들을 구하는 경향을 갖는 반면에, 제우스를 따랐던 사람들은 보다 절도 있고 철학적인 사람들이기 때문이다. 셋째, 플라톤은, 우리가 『대 히피아스』에서 예시(豫示)된 것으로 보았듯이, 에로스적인 미 개념을 자신의 보다 형태적이고 지성적인 미 관념들로부터 떼어서 생각하지 않았다는 점이 암시된다. 왜냐하면 『파이드로스』에서 미는, 눈이 감각들 중에 가장 선명한 것이어서, 주로 눈에 의해 파악되기 때문이다. '봄'(見)을 나타내는 그리스어가 어원적으로 '앎'을 지시하는 것에 밀접한 관계가 있다는 점은 기억해 둘 만하다. 그리고 다른 인도-유럽어들에서도 마찬가지다. 두번째로 '가장 선명한' 감각을 들라고 요구받는다면, 플라톤은 청각 말고 다른 어떤 것을 들지 않았을 것이다. 왜냐하면 분명히, 귀는 눈 다음으로 지성의 가장 섬세한 봉사자이기 때문이다.

하지만, 『파이드로스』가 『향연』과 다른 가장 중요한 면은, 우리가 이미 지적했듯이, 죄의식이다. 그곳에서 거의 기독교적인 타락한 본성과 원죄 개념은 사악한 말(馬)로써 상징적으로 구현된다. 『향연』에서처럼, 『파이드로스』에서 그린 개인 관계의 본질은 바로 그것이 띤 동성애적인 특성이다. 하지만, 『향연』에서보다 훨씬 더 여기에, 그 자신 그리스인들 가운데에서도 동성애자였던[2] 플라톤이, 승화된 동성애를 신성한 것으로 여겼듯이, 육체적인 동성애를 사악한 것으로 간주했다는 증거가 있다. 그는 또한 분명히, 그가 기술했던 그러한 관계들의 정신적인 가능성들이 그 관

---

2) Diogenes Laertios, *Vitae Philosophorum*, III, 291쪽 이하를 보라.

계들에 뒤따르는 위험들을 정당화한다고 생각했다. 섹스 일반에 대한 플라톤의 태도를 잠깐 살펴보는 것이 그가 가진 견해의 일관성에 대한 믿음을 우리에게 줄 것이다. 『대 히피아스』(299a)에 따르면, 성행위는 아주 불쾌하고 추한 모습으로 보이기 때문에, 아무도 보지 않는 곳에서만 이루어져야 한다. 타락과 부패에 속하는 배설적인 연상들과 별개로, 플라톤은 아마도 성행위를 그것이 발작이라는 의미에서 비난했을 것이다. 『국가』10권에서 그는 혐오감을 가지고 울음과 웃음의 발작에 대해 글을 쓴다. 왜냐하면 그것들은 비이성적이고 통제되지 않은 것이기 때문이다. 이는 족히 공감하기 쉬운 견해이다. 발작은 비이성적인 한에서 형태미를 결여한다. 그리고 성적인 오르가슴은 모든 발작들 중 가장 덜 이성적이고 덜 통제된 것이다. 하지만, 성행위는 출산과 탄생에 연관되어 있을 때, 아름다운 것이 된다. 이러한 연상들은 그것을 합리화할 뿐만 아니라, 그것을 불멸의 대의에 편입시킨다. 그리고 불멸은, 플라톤이 『향연』에서 펼친 논의에 따르면, '아름다움'(美)이 '좋음'(善)에 기여하는 바이다. 인간들은 좋은 것을 욕구할 뿐만 아니라 좋은 것이 영원히 자신들의 것이길 욕구한다. 또한 출산 행위는, 승화된 정신적인 종류의 것이든 자연적인 신체적인 종류의 것이든, 그것의 산출물들에서 생명을 갱신하는 재생산 행위이다. 성행위는, 언뜻 보기에는 추하지만, 탄생, 재생산, 양육과 연상됨으로써 아름답게 된다. 이러한 연상들이 거기에서 박탈되면, 추함만이 ── 동성애의 행위로서 ── 남을 뿐이다. 우리는 순수하게 미학적인(또는, 우리가 원래 수용한 용어법에 따라서 말해야 한다면, 미적인) 관점을 논하고 있다. 그리고 그러한 연상들이 지닌 힘은 예측할 수 있는 불임의 이성애적인 행위에서보다 동성애적인 행위에서 더 약하지 않다고 주장할 수 있겠지만, 보통의 감정은 그런 행위가 구제되기 위해 절대 필요한 신조를 남성과 여성의 결합에서 발견한다.

여기에서 현대의 감정은 확실히 플라톤과 다르지 않다. 하지만, 현대의 학생은 승화된 동성애 문제에 대해, 특히 그러한 승화의 위험들이 인정될 때—플라톤도 그 위험들을 『파이드로스』에서 인정한다—그와 의견을 달리할지도 모른다. 그러한 종류의 위험들에 더욱 쉽게 소스라치게 놀랄, 더 강렬하고 더 세련된 도덕감을 요구하는 것은 과장일 것이다. 우리는 예를 들어, 기네비어[아서 왕의 왕비]에 대한 랜슬롯[기네비어와 불륜을 맺은 아서 왕의 기사]의 사랑이나 이졸데에 대한 트리스탄의 사랑에 소스라치게 놀라지 않는다. 그리고 우리는 단테가 공감했던 것과 마찬가지로 확실히 파올로와 프란체스카와 공감한다. 그들은 『파이드로스』(256c)에 언급된 동성애적인 연인들처럼, 방심한 순간에 노출되지 않았는가?[3] 분명히, 우리는 비도덕성에 넌더리나지 않는다. 간통 관계는 죄스럽긴 해도 고귀한 인상을 우리에게 줄 수 있다. 단지 우연히 자신의 취향과 같다는 이유로 어떤 취향을 '좋다'고 설정하기란 너무나도 쉽다. 그래서 조윗은 『향연』의 서문에 다음과 같이 쓴다.

플라톤은 자신의 위대한 스승이자 영웅인 사람을 입에 담을 수 없는 죄악들[동성애]에 연관시키면서, 요즘 시절에 느꼈을 법한 것과 같은 반감을 느끼지도 않는다. 그는 그를 인간 본성의 유혹들에 대해 '거룩한 승

---

3) Soli eravamo e senza alcun sospetto[우리뿐이었고 어떠한 두려움도 없었소.] ……
   Ma solo un punto fu quel che ci vinse[그러다 단 한순간이 우리를 사로잡았소.] ……
   (단테의 『신곡』, 지옥편 5곡 129, 133행)

리'를 획득한 성인(聖人)으로 재현하는 것으로 만족한다.

그런데, 소크라테스가 '입에 담을 수 없는 죄악들'과 맺은 유일한 연관은 그가 그것들과 어떠한 관계도 갖길 단호하게, 그것도 그를 유혹할 계산된 틀에도 불구하고, 거부했다는 점이었다. 조윗은 플라톤이 그러한 일을 언급해야 했다는 점을 명백한 취향적인 결함이라고 여겼다. 물론 조윗[신학자, 플라톤 번역자, 1817~1893]은, 연대적인 이유 때문에 프로이트[오스트리아의 심리학자, 1856~1939]의 이론을 알지 못했다. 그리고 그는 일정한 위반행위들은 입에 담을 수 없는 것으로 놔두는 편이 낫다고 주장했을 것이다. 그럼에도, 그는 성직자로서, (소크라테스가 유혹당함을 느꼈을지라도) 유혹이 본질적으로 죄가 되지 않는다는 점을 알았음에 틀림없다. 이와 반대로, 그는 극복된 유혹은 자질을 보여 주는 기회라는 점을 인정하는 것처럼 보인다. 우리는 인용된 앞의 구절로부터 조윗이 동성애적인 유혹보다는 이성애적인 죄악에 덜 불쾌해했을 것이라고 생각한다. 그리고 이 점에서 그는 19세기뿐만 아니라 20세기의 대중 의견을 대변한다.

상관성(Relativity, 1953년 作), M. C. Escher(1898~1972)

2장_ 조화에 대한 지각

미에 대한 지성적인 관념들과 낭만적인 관념들을 뚜렷하게 대조시킬 목
적으로, 우리는 2장에 '조화에 대한 지각'이란 제목을 붙였다. 고전기의
그리스 사유와 관련하여 '낭만적인'(romantic)이란 용어를 사용하는 것
이 적절한지는 이미 설명과 해명이 필요한 것처럼 보였다. 하지만, 1장
이 그 용어가 적절하다는 점을 많이 보였으리라 기대한다. 우리가 '낭만
적인'이란 말을 사용함으로써 에로스적인 열정에 속한 통속적인 연상들
이 인정되었을 뿐만 아니라, 갈등과 동경에 의해 강조된 감정에 속한 보
다 문학적인 연상들을 허용했다. 그러니 한편의 갈등 개념과 다른 편의
조화 개념에 함축된 대립을 충분히 의식해 두고서, 이제 플라톤의 조화
미 개념을 검토해 보도록 하자. 나는 또한 이후의 유럽 문학과 비평적 사
고를 공부하는 모든 학생들의 관심을 이런 탐구가 고전과 낭만의 거대한
대립——아마도 '논쟁'이라고까지 말할 수 있을 것이다——에 속하는지
의 문제로 이끌고 싶다. 그러한 대립은 우리의 문학적인, 예술적인 문화
를 지난 3세기 동안 지배했었다. 만일 우리가 갈등을 통해 파악된 미와 조

화 사이에서 하나의 종합을 정립한다면, 우리는 고전적인 이상과 낭만적인 이상을 공통의 토대 위에 화해시키는 데에 크게 공헌할 것이라고 주장해도 과언은 아니다. 영문학에서 우리는 제인 오스틴[영국의 여류 소설가, 1775~1817]이 『이성과 감성』(1795)에서 훌륭하게 제시한 딜레마를 발견한다. 그곳[1부 18장]에서 한 등장인물[에드워드]은 다음과 같이 말한다.

전 멋진 경치를 좋아하지만, 회화적인 원칙들에 기대진 않습니다. 구부러지고 뒤틀린 나무들은 좋아하지 않습니다. 전 나무들이 크고 곧고, 잎이 무성하다면 더욱더 감탄합니다. 전 황폐되고 누덕누덕한 시골집은 좋아하지 않습니다. 쐐기풀이나 엉겅퀴나 히스 꽃도 좋아하지 않습니다. 망루보다는 아늑한 농가를 더 즐기고, 세상에서 가장 멋진 산적 무리들보다는 단정하고 행복한 마을사람들의 떼가 저를 더 즐겁게 합니다.

하지만 제인 오스틴은 공정하려고 아주 애쓰면서도 편을 들었다. 그리고 만일 누군가가 논쟁에서 편을 든다면, 진정한 종합은 불가능하게 된다. 아마도 고전 연구가 주는 장점들 중 하나는 바로 그것들이 우리로 하여금 우리의 문제를, 말하자면, 거리를 두고 살펴볼 수 있게 해 준다는 점이다. 고대 그리스·로마 세계는 거리가 충분히 떨어져 있어서 직접적인 압박 속에서 논쟁이 되었던 문제들을 우리가 초연하고 냉정하게 보는 것을 허락한다. 이와 더불어, 그리스·로마의 유산은 최초로 그리고 선두에서 현대 유럽의 생득권이다. 그리고 이 때문에 우리는 만일 우리가 우리의 문학적인 문화의 토대를, 예를 들어, 중국이나 고대 인도의 연구에 두

었다면 전혀 불가능했을 방식으로, 고대의 회의들과 포부들을 우리 자신과 동일시할 수 있다. 주로 그리스·로마의 영감 때문에, 11세기에 그토록 왕성하게 꽃이 폈던 아랍 문명조차도 이슬람의 사막바람에 곧 시들고 막히게 될 운명이었다.

이러한 점들을 마음속에 두고, 한 번 더 플라톤의 대화편들에 전념해 보자. 우리가 이미 제시한바, 지성미에 대해 플라톤이 다룬 부분은 결코 그가 『향연』과 『파이드로스』에서 낭만적인 접근을 전개한 것처럼 체계적이거나 완성된 것이 아니다. 따라서 우리는 우리의 주제가 종종 방백(傍白)이나 부언(附言)의 방식으로 가까스로 잠깐 보일 수 있는 구절들을 다루게 될 것이다. 그러나 바로 이런 이유로 우리는 1장에서 누리지 못한 한 가지 편의를 이용할 수 있을 것이다. 요약에 만족하는 대신에 우리의 논의와 관련된 단편적인 자료를 인용하는 것이 가능할 것이다. 『필레보스』의 중요한 구절을 아래에 번역해 놓는다. 그곳에서 플라톤은 『대 히피아스』에서 이미 윤곽이 그려진 착상, 즉 미는 눈과 귀를 매개로 한 즐거움이라는 점을 두드러지게 발전시킨다. 순수한 즐거움을 기술하려는 시도가 이루어진다. 이 즐거움은 미뤄진 만족으로 인한 강렬한 흥분에 의해 손상되지 않은, 또는 '긁음'의 자극과 같은 자극과 섞이지 않은 즐거움이다. 프로타르코스는 순수한 즐거움들이 무엇인지를 묻고 소크라테스로부터 다음과 같은 답변을 받는다. "그것들은 우리가 아름답다고 기술하는 색깔들과 형태들에 집중되어 있네. 그리고 대부분의 냄새들과 소리들에, 그리고 있으면 느껴지고 섞이지 않은 즐거움으로 가득하지만 없더라도 이목을 끌지 못하고 고통이 없는 모든 것들에 집중되어 있네." 그런 다음 논쟁이 이어진다.

프로타르코스: 소크라테스 선생님, 어떻게 그것들은 우리가 그것들에 부여한 속성들을 가지는 것입니까?

소크라테스: 뭐, 내가 말했던 것이 곧바로 분명하다고는 생각하지 않네. 그것을 명확하게 말하도록 노력하겠네. 형태의 아름다움을 두고, 흔히 생각하는 것처럼, 자연물들과 그림들에 속한 아름다움을 말하는 것은 아닐세. 이렇게 말해 보세. 나는 직선들과 곡선들을, 그리고 선반, 직선자, 직각자가 그런 선들로부터 평면 형태와 입체 형태에다 산출할 수 있는 모든 것을 말하네. 내 말의 의미를 파악하겠나? 나는 이것들이 다른 것들처럼 상대적인 미의 사례들이 아니라, 영원하게 본질적으로 아름다운 것들이라고 주장하네. 그것들은 독특한 즐거움을 전하고, 이 즐거움은 긁음의 즐거움과는 전혀 딴판이네. 또한 색깔들에도 그와 같은 유형의 아름다움과 즐거움이 들어 있네. 이해하겠나?

프로타르코스: 최선을 다하고 있습니다, 소크라테스 선생님. 선생님께서도 좀더 명확하게 말씀해 주시도록 최선을 다해 주십시오.

소크라테스: 내가 말하고자 하는 것은 이런 걸세. 음조 상 순수한 단선의 선율을 내는 소리의 선명한 반향들은 어떤 외부적인 관계 때문이 아니라 본질적으로 아름답네. 그리고 이런 아름다움에 따르는 즐거움들도 마찬가지의 독립성을 누리네.

프로타르코스: 그렇습니다.

소크라테스: 물론, 냄새들은 덜 숭고한 유형의 즐거움을 산출하네. 그러나 필연적인 고통의 혼합이 내재하지 않은 즐거움들은 어떤 것이든, 어떤 감각을 통해서든, 그리고 어떤 사물들에서 우리가 그것들에 마주치든, 내 생각엔 우리가 방금 언급한 것들로 함께 분류되어야 하네. 이해하겠나?

프로타르코스: 예.

소크라테스: 그렇다면 배움의 즐거움들도 추가해 보세. 만일 우리가 이
것들이 굶주림의 요소를 포함하지 않는다고, 그리고 선재하는 어떤 굶
주림도 그런 경우들에서 고통스럽지 않다고 전제할 수 있다면 말일세.

프로타르코스: 저는 그런 전제에 동의할 겁니다.

소크라테스: 그러나 이것을 생각해 보게. 배움을 만끽한 뒤에 이것이 고
갈되어 망각이 뒤따를 수 있네. 자네는 여전히 그러한 즐거움들에서 고
통의 요소를 찾아내는가?

프로타르코스: 본능적으로 느껴지는 것은 찾아내지 못하지만, 경험을 돌
이켜 봄으로써, 우리의 배움이 유용한 자산을 이루고 그것의 상실이 후
회스러운 경우들에서는 고통이 있을 수 있습니다.

소크라테스: 정확히 자네 말대로라네. 그러나 우리는 지금 사유에 의해
누그러지지 않는 본능적인 경험만을 논하고 있네.

프로타르코스: 그런 경우, 선생님 말씀이 옳습니다. 우리가 배웠던 것을
잊는 것은 고통스런 과정이 아닙니다.

소크라테스: 그렇다면 이러한 배움의 즐거움들은 고통과 섞이지 않은 것
으로 간주되어야 하네. 그리고 그것들은 보통사람들이 아니라 극소수
의 선발된 사람들에만 속하네. (『필레보스』 51b~52b)

『필레보스』에 기술된 아름다움의 파악은 아주 명백하게 지적인 종
류의 것이다. 『향연』이 아름다움(美)과 좋음(善)의 관계를 연구한 반면에,
앞의 구절은 참(眞)에 관계된 아름다움과 관련되어 있다. 우리가 색깔들,
형태들, 소리들을 즐기는 점은 우리가 배움이라든가 지적인 활동에서 얻

는 즐거움과 관련이 있다. 소크라테스의 명시적인 논의에 따르면, 비슷한 점은 모든 그러한 즐거움들의 '고통스럽지 않음'과 순수함에 있다. 그러나 조금만 생각해 보면, 그것들의 '고통스럽지 않음'이 우연의 일치가 아니라는 점이 드러날 것이다. 왜냐하면 색깔들, 형태들, 소리들을 즐기는 것 자체는 본질적으로 지적이고, 따라서 '배움'과 관련이 있기 때문이다. 눈과 귀는(그리고 소크라테스는 때때로 우리의 후각도 그렇다고 생각한다) 인지와 더불어 이 인지의 단위들을 제공한다. 색깔, 형태, 소리에 대한 기본적인 지각들은 우리에게 종류와 정도에 관한 근본적인 관념들을 제공하는데, 이것들이 없이는 사유가 불가능하다. 봄과 들음은, 그것들의 대상들이 추상적이고 수학적이고 어떠한 물질적인 관련으로부터 벗어나 있는 한, 지적인 즐거움들이다. 그리고 그러한 즐거움들은 그것들을 일으키는 추상적인 형태가 어떤 구체적인 구현을 얻을 때에만 오염된다.

하지만 우리가 『필레보스』로부터 인용한 구절은 지성미와 낭만미 간의 대조를 날카롭게 강조한다. 그리고 그것은 두 개념의 화해를 얼마간 더 어렵게 만드는 것처럼 보일 것이다. 지성미는 본질적으로 고통이 없고 힘들지 않지만, 낭만미는 우리가 『향연』과 『파이드로스』에서 보았듯이, 고통과 인내를 거친 뒤에 의지를 신중하게 적용한 결과로서 획득된다. 하지만 플라톤은 확실하게 두 유형의 미를 ['미'라는] 공통의 명칭을 정당화하는 우연한 관련만을 가진 것으로 그리지 않는다. 왜냐하면 그가 우리에게 냄새의 즐거움들은 보이는 것과 소리의 즐거움들보다 덜 숭고하다고 말할 때, 우리는 『향연』에 설명된 대로 아름다움과 숭고함 간의 관계를 생각하게 되기 때문이다. 숭고한 것(말 그대로는 '신적인 것')은 불멸의 신성에 속한 특성들을 소유하는 것이다. 그것은 영원한 것이다. 우리는 자연스럽게 묻게 된다. 만일 숭고하고 영원한 기쁨들이 기초적인 지적인 즐거움에서 혼이 얻을 수 있는 것이라면, 왜 혼은 『향연』과 『파이드로스』에서 윤곽이 그려진 힘든 정신적인 '훈련'에 착수할 필요가 있겠는가? 이에 대한 대답은 '숭고한'이란 수식어가 비교를 허용한다는 데에서 찾아야 한다. 냄새들은 보이는 것들과 소리들보다 덜 숭고하다. 그렇다면 추정컨대 보이는 것들과 소리들은 다른 형태의 경험들, 예를 들어 에로스적인 열망에 대한 플라톤의 설명들에 기술된 경험들보다 덜 숭고할 것이다. 하지만 이러한 추정에 즉시 반론이 제기된다. 『필레보스』의 순수한 즐거움들은 고통스럽지 않기 때문에 우등한 것이다. 에로스적인 열망은 고통스럽지 않음과 거리가 멀다. 따라서 그것은 열등한 것임에 틀림없다. 아름다움에 대한 두 가지 접근은 다음의 가설과 같은 것에서만 화해될 수 있다.

지적인 숭고와 낭만적인 숭고는 모두 (완전하게 도달되었을 때) 조화에 대한 섞이지 않은 기쁨을 의미한다. 낭만적인 열망의 대상은 지적으로 파악된 숭고보다 더 상위의 것이다. 왜냐하면 앞의 것은 혼의 경험을 온전하게 흡수하지만, 뒤의 것은 차츰 사라지는 열망으로 이것이 시들기 전에 우리를 분발시키는 축복받은 순간이기 때문이다. 이와 반대로, 『향연』에 기술된 절대적인 미의 통찰은, 플라톤이 그것을 표현했듯이, '커짐도 작아짐도' 아니다. 지성미의 효과가 차츰 사라진다는 점에서만큼은 플라톤이 그것을 '고통스럽지 않은 것'으로 잘못 기술한 것으로 보일 수 있다. 기쁨이 일시적일 뿐이라는 것은 본질적으로 고통의 원인이다. 그러나 이 점은, 우리가 배운 것을 잊어버림을 슬퍼할지도 모르지만, 소크라테스가 배움이란 고통스럽지 않은 즐거움이라고 주장할 때 예감되었다. '긁음'의 즐거움 또는 찬물을 열이 난 목구멍에 붓는 즐거움처럼, 경험 자체에는 그것에 내재하는 고통이 없다. 하지만, 만일 우리가 지성미를, 승리하는 가운데 낭만적인 열망의 최후를 장식하는 지복(至福)과 대조하지 않고, 낭만적인 열망 자체와 대조한다면, 우리는 죄책감과 성취되지 않은 조화에 대한 지각을 가진 채 고통과 악과 섞여 있는 낭만적인 열망이 그러한 한에서 형태, 색깔, 소리에 대한 원초적이고도 때 묻지 않은 직관들보다 열등하다는 점을 깨닫는다. 플라톤은 낭만적인 열망과 궁극적인 지복 간의 관계를 분명하게 지적했다. 그러나 그는 지성미와 지복 간의 관계에는 그다지 분명하게 주목하지 않는다. 따라서 우리는 그가 혼을 청정함으로부터 나와 경험의 갈등으로 들어가는 것으로 본다고 추론하지 않으면 안 된다. 여기에서 혼은 경험에다 그것이 청정한 상태에서 파악했던 형태적 조화를 부과하려고 노력한다. 그리고 만일 이것이 성공적으로 이루어지면, 혼은 보다 풍부하고 보다 영속적인 희열에 도달한다. 형태적 즐거움은 단지 이 희열에 대한 덧없는 약속일 뿐이었다.

하지만 당분간 그 이상의 철학적 함축들을 건드리지 않고, 『필레보스』에 이야기된 것이 정말로 형태미에 대한 플라톤의 숙고된 의견을 나타낸다는 점을 확인하는 것이 좋을 것이다. 산발적이고 단편적인 언급들로부터 하나의 체계를 맞춰 보면서, 너무나도 쉽게 문맥에서 벗어나 관찰하거나 부언(附言)들에 부당하게 무게를 실을 염려가 있다. 더 나아가, 우리는 바로 플라톤이 직관을 추구하면서 빈번히 논리를 내던지려고 하듯이, 또한 이따금 자신의 열렬한 믿음에도 불구하고 논리를 위한 논리를 완강하게 추구하려 한다는 점에 이미 주목했다. 새로운 논리 체계의 실험을 어느 정도 묘사하는 『필레보스』에서, 우리가 일정량의 비-플라톤적인 사유에 도달하더라도 놀라운 일이 아닐 것이다. 이 대화편에 표현된 미적인 견해들이 플라톤적인지를 검사해 보자. 물론, 눈과 귀를 통해 우리에게 이르는 즐거움으로서의 미 개념을 위해 우리는 『대 히피아스』의 뒷받침을 갖는다. 그러나 이것은 크게 공헌하지는 않는다. 『필레보스』에서 소크라테스는 순수한 형태들과 색깔들 쪽과 자연의 창조물들과 그림들 쪽간의 구별을 아주 강하게 주장하게 된다. 이와 같은 구별은 그가 순수한 음의 행렬을 섞임 없는 즐거움으로 명시하는 데에 함축되어 있는 것처럼 보인다. 그는 그러한 음의 행렬을 음악 예술과 고립시켜 거의 수학적인 현상으로서 관조한다. 그가 선율의 '순수성'을 고집한다는 것은, 가사가 없는 음악은 그리스인들에서 아주 예외적이었지만, 말의 동반이 틀림없이 없다는 점을 아마도 의미할 것이다. 반대로, 『법률』(669e)에서 플라톤은 '가사 없는 노래들'을 비난하는 것처럼 보인다. 그러나 그곳에서 플라톤은 그러한 작곡들이 도덕적인 내용을 결하고 있는 점을 비난하고 있는 반면에, 『필레보스』에서 그는 예술적인 작곡과 무관한 즐거움의 자연적인 근원으로서 소리를 생각하고 있다. 순수성의 요구는 또한 플라톤이 어떠한 상황들에서든 분명히 반대했던 당대의 일반적인 관행, 즉 음정들의 왜곡을 사전에 배제하는 것처럼 보인다. 만일 정말 우리가 '채색된' 음악에 대한 그의 언급을 반음계 사용이나 반음 이하의 음 사용에 대한 공격으로서 해석할 수 있다면, 그는 확실히 그것이 음악 예술의 과정 중에 일어났을 때 그것에 반대했다(『법률』 655). 더군다나 『필레보스』에서는, 순수한 즐거움에 대한 그의 개념이 거의 수학적이므로, 단위들의 구별을 지었던 어떤 상황도 수용될 수 없었을 것이다. 어떤 경우든, 어떠한 자연적인 대상도 함축하지 않는 형태들과 색깔들 쪽과 어떠한 명시적인 의미도 함축하지 않는 음향의 단계적인 변화들 쪽 간의 대비를 감지하기란 쉽다.

하지만『필레보스』로부터 인용한 구절이 관련 주제에 대한 플라톤의 숙고된 견해를 나타낸다고 주장한다면, 우리는 매우 적절한 한 가지 반론에 노출된다. 우리는 명료한 의식을 가지고 논의를 진행할 수 있기 전에 그 반론을 처리해야 한다.『국가』(476c)에서 플라톤은 다음과 같이 쓴다.

청각적인, 시각적인 즐거움에 빠진 사람들은 아름다운 소리들, 색깔들, 형태들, 그리고 이것들로부터 산출될 수 있는 모든 것에 기꺼이 응한다. 하지만 그들의 정신들은 미 자체의 본성을 지각하면서 그것을 마음에 품을 수 없다.

그는 나아가 소수의 혼들만이 이상적인 또는 숭고한 미의 파악에 도달할 것이라는 점을 강조한다. 상대적인 미(美)만을 믿는 것은 "사는 것이 아니라 꿈을 꾸는 것이다." 그리고 그러한 부적합한 믿음에 의해 주도된 자세를 지닌 사람은 꿈꾸는 사람이 저지르는 잘못을 범한다. 그는 유사성을 동일성과 혼동한다. 따라서 우리는『국가』(476b)에 나오는 아름다운 소리들, 색깔들, 형태들이『필레보스』의 순수한 색깔들, 형태들, 소리들과 동일시될 수 있는지 물을 수밖에 없다. 왜냐하면 그 둘이 그렇게 동일시된다면 모순이 일어날 것이 뻔하고 당황스러울 것이기 때문이다. 뒤의 것들은 상대적이 아니다. 그것들은 절대적이다.『국가』의 소리들, 색깔들, 형태들은 절대적인 미가 아니라 상대적인 미의 사례들로 정확히 제시되어 있다. 더욱이, 소크라테스는 앞에서 인용된『필레보스』의 구절에다 배움의 즐거움은 소수의 선발된 사람들에게만 권고될 것이라는 언급을 덧붙인다. 배움의 즐거움이『필레보스』에서 '순수한 즐거움'의 항목

아래에 소리들과 색깔들과 연결되어 있을 때, 추가로 이 대화편과 『국가』에 표명된 견해 사이에 불일치가 있는 것처럼 보인다. 뒤의 대화편에서 소수의 선발된 사람들은 눈과 귀가 주는 즐거움들을 약한 윤곽들에 지나지 않는 것처럼 보이게 만드는 정신적인 고지에 올랐기 때문이다.

언뜻 보기에는 이 두 진술들을, 우리가 이미 제시한 설명, 즉 『필레보스』에 나오는 형태적 즐거움들은 덧없고 순간적인 한에서 『향연』에 나오는 절대적인 미처럼 연속적이지도 영원하지도 않고 사실은 상대적이라는 설명을 사용함으로써, 조정하는 것이 유혹적으로 보일 수 있다. 정말이지, 시간은 모든 사물들을 상대적으로 만들지 않는가? 하지만 배움의 즐거움이 본질적으로 나중의 망각에 의해 영향을 받지 않는다고 주장하면서, 소크라테스는 그가 본래 지적인 즐거움이 갖는 성질을 살펴보고 있고, 그것의 일시성은 문제 삼고 있지 않다는 점을 아주 분명하게 밝힌다. 시간 요인은 일부러 무시된다. 어떠한 경우든, 눈과 귀가 주는 형태적 즐거움들은 상대적이 아니라 절대적이고 숭고하다는 점이 아주 완고하게 진술된다. 아니, 『필레보스』와 『국가』의 겉보기 모순은 어떠한 철학적인 세밀한 구별에 기대지 않고서도 설명될 수 있다. 진정한 설명은 단순히 플라톤의 언어, 문체, 관용구에 의거한다. 확실히, 『국가』에서 '아름다운 소리들, 색깔들, 형태들, 그리고 이것들로부터 산출될 수 있는 모든 것'은 '아름다운 소리들, 색깔들, 형태들로부터 산출되는 모든 것'에 대한 일종의 중언법으로 간주되어야 한다. 『국가』의 탁월한 편집자들 중 한 사람인 제임스 아담은 이 대화편에서 그러한 중언법에 대한 세 가지 다른 사례들을 주목한다(328c, 429e, 558a). 이것들 중 어떤 것도 완전한 중언법의 사례는 아니다. 이중적인 표현에 깔려 있는 한 가지 관념이 어떠한 경우에서도 아주 단일하지는 않다. 이렇게 해서 아담의 주석들은 세 가지 사례들을 각각 '실질적으로 중언법인 것', '일종의 중언법인 것', '거의 중언법인 것'으로 기술한다. 늙은 케팔로스의 소파가 ('일종의 머리받이-소파 가구'로) 기술되고 있는 첫번째 사례에서, 소파와 머리받이는 그다지 한 세트로 생각되지 않지만, 동시에 플라톤은 그것들을 전체를 이루는 부분들로 의식하고 있다. 그러므로 그것들은 머리받이 달린 소파를 말하는 하나의 방식이다. 『국가』 476b에서의 표현 형태도 아주 비슷하다. 플라톤은 소리들, 색깔들, 형태들뿐만 아니라 이것들을 요소들로 삼아 구성된 음악과 그림들을 생각하고 있다. 그는, 『필레보스』에서처럼, 음악과 예술로부터 주의 깊게 분리된 소리들과 색깔들과 형태들을 생각하고 있지 않다. 플라톤은 그러한 소리들과 색깔들의 순수성이 예술이 가하는 병렬들에 의해 오염될 것이라고 믿었다는 점도 우리는 주목해야 한다. 이를 우리는 그러한 병렬들을 특별히 사용한——아마도 현대 유럽의 인상파의 방식으로——회화 유형(예를 들어, 『파이돈』 69b)에 대한 그의 조롱 섞인 언급들과 비교할 수 있을 것이다.

게다가, 앞에서 얻은 관찰들의 설득력은, 우리가 형태미를 기술하고 있는 『필레보스』의 구절이 우리가 『국가』 476b에서 발견했던 구절과 정확하게 비슷한 일종의 준(準) 중언법을 사용한다는 점을 기억할 때, 증가될 것이다. 소크라테스는 말한다. "나는 직선들과 곡선들을, 그리고 선반, 직선자, 직각자가 그런 선들로부터 평면 형태나 입체 형태에 산출할 수 있는 모든 것을 말하네." 이것은 "선반 등이 직선들과 곡선들로부터 산출할 수 있는 모든 것"과 같은 말이 아닌가? 직선과 곡선의 형태들은 그것들을 구현하는 재료로부터 전적으로 분리될 수는 없다. 왜냐하면 우리는 여기에서 눈을 통해 파악된 즐거움들을 살펴보고 있기 때문이다. 그렇다면 혼돈이 있는 것과는 거리가 멀게도, 『필레보스』에 기술된 눈의 즐거움들과 『국가』 476b에 언급된 즐거움들 사이에 강하게 구분된 대립이 있다. 뒤의 구절에서, 우리가 "이것들로부터 산출할 수 있는 모든 것"이라고 옮긴 표현은 예술과 실용 기술의 작품들에 한정되는 것은 아니지만 확실하게 그것들을 포함한다. 그것은 아마도 자연의 창조물들을 포함하는 데까지 범위가 확장될 수 있을 것이지만, 단순한 기하학적인 도안을 포함하지 않는다. 그러한 도안은, 평면의 형태든 입체의 형태든, 결코 '창조'의 결과로 간주될 수 없었을 것이다.

형태미의 문제를 완전히 떠나기 전에, 플라톤을 이 점에서 자기-모순의 의심으로부터 벗어나게 하기 위해 우리가 살펴보아야 할 구절이 『국가』(584b)에 하나 더 있다. 여기에서 냄새는 '순수한 즐거움'의 사례로 제시되어 있다. 그러나 우리는 플라톤이 여기에서 냄새만을 지적하지만, 그가 같은 유형의 많은 사례들 중 하나로서만 그것을 제출한다는 점을 즉시 알아차려야 한다. 그 구절은 다음과 같이 전개된다.

"괴로움의 결과로서 일어나지 않는 즐거움들을 살펴보게. 그리고 바로 다음과 같은 경우에 혹시 괴로움은 즐거움의 상실이라거나 즐거움은 괴로움의 제거라고 여길 수 있는지 보게나."
"어떤 경우를 말씀하십니까? 그리고 어떤 즐거움들을 말씀하십니까?" 라고 그가 물었네.
"내가 특별히 냄새의 즐거움들을 염두에 두었다고 내 말의 의미를 이해하면 되겠네. 다른 그러한 즐거움들이 있긴 하지만 말일세."

다음과 같이 물어보자. 같은 유형에 속하는 여타의 지적되지 않은 많은 즐거움들은 무엇인가? 확실히, 그것들은 『필레보스』에 열거된 즐거움들과 다를 수 없을 것이다. 답변되어야 할 것으로 남은 유일한 물음은 다음과 같다. 왜 플라톤은 여기에서 ──『필레보스』에서 냄새의 즐거움이 즐거움들에서 차지하는 위치가 그것이 덜 숭고하다는 조건에서만 인정되고, 『대 히피아스』(299a)에서 그것을 미적인 즐거움들에 포함시키는 일이 공공연하게 비웃음을 사는데 ──그 즐거움을 순수한 즐거움의 지표로 인용하는가? 이 물음에 대한 설명은 다음과 같은 것처럼 보일 것이다. 『국가』는 길고도 복잡한 대화편이다. 이것이 경과되는 가운데 플라톤은, 순수한 즐거움이 감각들을 포함하는 한에서, 그런 즐거움에 대한 그의 교설을 상세하게 다듬을 준비가 되어 있지 않았다. 이와 반대로, 그는 감각의 즐거움을 철학적인 즐거움으로부터 구별하고자 했다. 냄새는 예외로서 기록되었다. 왜냐하면 다른 감각의 즐거움들은 철학적인 즐거움들에 비해 대체로 순수하지 않기 때문이다(584c). 그가 냄새가 아니라 보이는 것과 소리를 예로 들었더라면, 그는 추가적인 구별들, 즉 그가 든 예외들에 대한 예외들에 말려들었을 것이다. 왜냐하면 보이는 것과 소리로부터 전개된 예술적인 즐거움들은, 우리가 이미 보았듯이, 플라톤에 따른다면 순수하지 않기 때문이다. 다른 한편으로, 냄새는 어떠한 예술적인 조작의 토대를 제공하지 않는다. 그래서 냄새는 복잡함이 잇따름을 두려워하지 않고서도 인용될 수 있었을 것이다.

냄새가 미의 매개물로서 갖는 잠재력도 어느 정도 흥미롭고, 논평을 더 요구한다. 『파이드로스』에서는 우리가 미를 파악하는 감각으로서 시각만이 예시되어 있다. 『대 히피아스』에서는 후각을 제외한 시각과 청각만이 제안되어 있다. 『필레보스』에서는 후각이, 덜 '숭고하지만', 순수한 즐거움으로서 시각과 청각과 연결되어 있다. 그리고 순수한 즐거움이 이렇듯 미의 파악을 함축한다면, 후각은 『필레보스』에서 미의 가능한 매체로서 자리 잡는다. 그래서 만일 신체의 감각들이 미적인 품위를 위한 후보자들로, 그리고 위의 대화편들이 유권자들로 간주된다면, 시각은 세 표를, 청각은 두 표를, 후각은 한 표를 얻는다. 이러한 진가의 순서는 주제에 관한 우리 자신의 느낌들과 아주 가깝게 일치한다. 그리고 우리는 시인 키츠[영국의 낭만주의 시인, 1795~1821]에게는 후각뿐만 아니라 미각과 촉각이 강렬한 감흥을 일으키는 감각이었다는 점을 아마도 주목해야 할 것이다. 정말로, 이러한 측면에서 그의 시는 셸리[영국의 낭만주의 시인, 1792~1822]의 빛과 소리의 우주와 현저한 대조를 이룬다. 하지만 확실히 우리는 플라톤의 생각이 일관적이지 않다고 비난해서는 안 된다. 왜냐하면 그는 강세를 달리하며 다양한 감각들의 권리들을 강조하기 때문이다. 각각의 경우에서 미학적인 잠재성을 판단할 기준이 되는 근본 원리는 일관적이다. 그것은 관련된 인상들의 선명함과 뚜렷함에 관계한다. 왜냐하면 선명하고 뚜렷한 인상들을 토대로 해서만 지성이 작동할 수 있기 때문이다. 감각은 우리에게 단위들, 즉 진리의 토대를 제공해야 한다. 그리고 그러한 진리에서 우리가 갖는 즐거움은 미에 대한 기초적인, 객관적인 파악이다. 시각은 탁월하게 이런 기초적인 선명성을 소유한다. 이와 더불어, 선천적인 감수성들 또는 경험에 의해 획득된 섬세한 기호(嗜好)들은 여타 감각들에서 '지식'과 만족의 근원들을 발견한다. 포도주에 대한 미각, 또는 치즈나 혼합차에 대한 감식가의 판단을 그런 감수성들 또는 기호들 말고 다른 어떤 것으로 이해할 수 있겠는가?

이 지점에서 우리의 논의는 새로운 단계에 들어가지 않으면 안 된다. 플라톤의 지성미 개념은 그러한 차원들에 대한 작업이 합당하게 쏟을 수 있는 주의를 다하여 조사되었다. 그리고 결과로서 우리는, 플라톤에 따르면, 감각 지각들은 본질적으로 바로 그것들이 우리의 욕구들, 편애들, 열망들과의 어떠한 연관으로부터 벗어나 기초적이고 가공되지 않은 채로 남아 있었던 정도만큼——다시 말해 그것들이 우리 의지의 어떠한 양상으로부터도 분리되어 있는 한에서——아름다웠다고 주장할 수 있다. 모든 지적 작용은 종류와 정도에 관한 근본적인 관념들에 의존하고, 플라톤에 언급된 감각 지각들은 그러한 근본적인 관념들을 우리에게 제공하는 것들이다. 게다가, 지적 작용 자체는 의지가 향하게 할지도 모를 어떠한 기능이나 도덕적인 목적에 전혀 속박되지 않는 즐거움이다. 우리는 경험을 그것의 감각적인 요소들로 환원함으로써 단순화시킨다. 그래서 종류와 정도의 유사성들과 차이성들이 쉽게 관찰되고, 차이성에 있는 유사성이나 유사성에 있는 차이성의 발견은 모든 지적 작용의 토대가 된다. 우리가 이 장(章)의 처음에 주로 관심을 갖고 검토하고자 했던 것은 조화에 대한 지각이었다. 이것은 지적이고도 동시에 미학적인(미적인) 원리이다. 보상케는, 우리가 주목했듯이, 선심이라도 쓰듯이, 다양성에 있는 통일성의 지각이 그리스 철학이 파악했던 한 가지 진정한 미학적 원리라고 인정한다.

플라톤에서, 조화에 대한 그러한 지각은 『향연』에서 에뤽시마코스가 자신의 연설을 통해 다소 수다스럽게 분석하는 주제이다. 에뤽시마코스는 자신의 주장을 초기 이오니아 철학의 교설을 언급함으로써 옹호한다. 그는 물리적인 조화의 유지가 의술과 농업의 토대라고 내세운다. 헤라클레이토스[1]가 모호한 언명에서 암시하는 것처럼 보이듯이, 음악도 같은 원리에 기초를 둔다. "하나는, 활이나 리라의 조화처럼, 그 자체로 불화 (不和)이지만, 자신과 화합한다." 조화와 공존하는 불화는 용어상 모순이다. 그러나 아마도 헤라클레이토스는 원래 불화였던 고음과 저음이 음악의 기술에 의해 조화를 이루게 되었다는 뜻으로 말했을 것이라고 에뤽시마코스는 생각한다. 왜냐하면 조화는 화음이고, 화음은 일치이기 때문이다. 그리고 일치와 불화는 동시에 존재할 수 없다. 하지만 일치가 잠재적으로 불화 속에 있을 수 있다. 그러한 불화는 조화를 위한 토대를 제공한다. 이런 방식으로, 리듬은 빠른 요소와 느린 요소의 불화로부터 형성된 일치를 표현한다. '사랑과 한마음'의 성취는 사실상 음악의 작품이다. 그리고 음악은, 조화와 리듬에 관련되어 있는 한, 사랑에 대한 앎으로 간주될 수 있다(『향연』 187).

우주의 조화를 기술하기 위해 '사랑'이란 말을 사용한 것은 전혀 즉흥적인 변덕이 아니다. 그 용어는 엠페도클레스로부터 유래하고, 그가 쓴 시의 조각에 보존되어 있다. "모든 것들은 어느 순간 사랑 상태에서 모이다가도, 다음 순간에 싸움의 증오 상태에서 산산이 흩어진다."(조각글 17. 7. D)

이렇게 해서 에뤽시마코스는 헤라클레이토스와 엠페도클레스를 그에 공헌한 사람들로 등록한다. 그리고 이 두 사상가가 각각 대표하는 이오니아학파와 시켈리아학파의 관계는 플라톤의 『소피스트』에 나오는 한 구절을 언급함으로써 정확하게 산정될 수 있다. 그곳에서 우리는 『향연』의 변덕스런 분위기가 허용하는 것보다 더 똑바른 설명을 제공받는다.

---

1) 베르그손류의 고대 철학자. 에페소스에서 기원전 500년쯤에 활동.

그래서 그들(이전 철학자들)은 마치 우리가 어린이라도 되듯이 우리에게 옛날이야기를 해 주네. 그 중 한 사람에 따르면, 실재는 셋(三)인데, 이것들 중 어떤 요소들은 때때로 서로 어떤 식으로 싸움을 벌이지. 그러다가 사랑이 자리를 차지하고 결혼, 출산, 아이의 양육을 일으키네. 그러나 다른 이론에 따르면, 둘(二)이 존재의 토대를 이루고, 그래서 습함과 마름, 뜨거움과 차가움 같은 동위의 것들이 함께 살며 번식한다고 말해지네. 우리 엘레아 사람들은 크세노파네스나 심지어는 그 이전 사람들로부터 전통을 이어받네. 그리고 그들의 이야기들은 말에서만 여럿이고 실제로는 하나(一)인 것을 지적하네. 하지만 이오니아의 천재는, 그리고 나중에 시켈리아의 천재는 두 가지 원리를 통합하고 실재가 하나이자 여럿이라고, 증오와 사랑으로 합성된 것이라고 천명하는 것이 더 안전하다고 생각했네. 보다 엄격한 정신을 가진 사람들은 불화 상태와 화합 상태가 공존한다고 주장하지만, [그렇지 않은] 다른 사람들은 교대 개념을 도입함으로써 우리의 이해에 관대하게 양보하네. 그 개념에 따르면 실재는 어느 순간에 아프로디테의 영향 하에서 사랑 상태로 하나가 되고, 다음 순간에 다수와 싸움으로 분열되네. (『소피스트』 242c~243a)

분명히, 에뤽시마코스는 사랑과 증오라는 용어와 더불어, 인간관계들로부터 끌어낸 시켈리아 식의 이론을 선호하는 쪽이다. 에뤽시마코스, 그리고 『소피스트』에서 논의를 이끄는 '엘레아'에서 온 '방문 강연자'는 다양성 안에 있는 통일성의 존재론적 원리를 아프로디테와 관련시킨다. 에뤽시마코스는 두 아프로디테, 즉 파우사니아스의 앞 연설에서 이미 구별되었던 '신성한 아프로디테'와 '세속적인 아프로디테'(『향연』 187d)의 영향이 생명이 없는 자연의 영역에까지 미친다고 실제로 주장한다. 그런데, 어떤 저명한 현대 학자가 주목했듯이,[2] 아프로디테는 "미에 대한 욕구라기보다는 미의 여신이다." 사랑(에로스)은, 『향연』에 분명하게 드러나듯이, 대상 안에 있는 미로부터 구별된 것으로서 미에 대한 주관적인 요구이자 열정이다. 하지만 우리의 관심을 끄는 것은 플라톤과 고대 그리스 사상 일반이 미를, 이것의 주관적인 측면뿐만 아니라 객관적인 측면에서, 조화에 대한 의식과 밀접하게 관련시켰다는 점이다. 그러한 조화는 자연에 널리 퍼져 있고, 모든 예술과 기술의 토대를 제공하고, 모든 행복한 인간관계 및 사회관계에서 필요조건이고, 소크라테스가 지적했듯이 인간적인 것과 신적인 것 사이에 있는 간격을 메우길 기대할 수 있는 유일한 원리였다. 예술과 기술을 분발시키는 것으로서의 기능미 개념은 특히 아가톤의 연설에 잘 예시되어 있다.

> 사랑은 작품을 쓰도록 다른 사람들을 격려하는 전염의 능력이 있는 작가이고, 그가 오면 어떠한 뮤즈 여신도 전에 돌보지 않았던 사람들조차도 노래를 터뜨리지. 이것이 사실상 그가 모든 음악적인 창작의 대가라는 것을 입증하지 않는가? 왜냐하면 그 자신이 소유하거나 파악하지 못한 것을 다른 사람들에게 전할 수 없었을 것이기 때문이네. 더 나아가, 그의 작업은 모든 생물의 생산에까지 미치네. 왜냐하면 아무도 낳아지거나 뿌려진 모든 것에서 우리가 그의 은혜를 입고 있다는 점을 부정할

---

2) C. M. Bowra, *Greek Lyric Poetry*, Oxford 1936, 5장 189쪽.

수 없을 것이기 때문이네. 같은 이야기가 각종 기술에도 적용되네. 사랑의 도제들은 찬란한 미래가 기다리지만, 그의 손길을 모르는 사람들은 무명으로 남을 것이네. 사랑과 욕구는 아폴론에게 궁술, 의술, 예언술을 가르쳤네. 그도 사랑의 제자라고 불려야 하네. 그렇듯 뮤즈 여신들도 음악의 기술에 대한 사랑에 의해, 헤파이스토스는 대장장이 일에 대한 사랑에 의해, 아테나는 직조에 대한 사랑에 의해, 그리고 제우스는 신들과 인간들을 다스리는 것에 대한 사랑에 의해 능숙한 기술을 갖게 되었네. 그래서 신들이 이뤄 낸 일들조차도 그들 안에 사랑이 깃들어 있는 덕분이네. 그리고 이 사랑은 미에 대한 사랑이네. 왜냐하면 추함은 그의 관심사가 아니기 때문이네. 그의 때가 오기 전에는, 내가 앞에서 말했듯이, 신들에게 일어났다고 전해지는 끔찍한 일들은 필연의 절대 통치 하에 일어났네. 그러나 이 신이 새로 태어났을 때, 미에 대한 사랑은 신들과 인간들에게 모든 좋음을 길러 주었네. (『향연』 196e~197c)

우리가 방금 인용한 구절들로 본다면 분명히, 플라톤의 '에로스적인 신비주의'가 『필레보스』에서 그가 형태미를 분석한 것과 어떠한 관련도 없다고 주장하는 견해가 들어설 자리는 있을 수 없다. 조화에 대한 지각은 우리가, 그것을 감각에 수반하는 것으로 이해하든 의지의 행위를 북돋는 것으로 이해하든, 모든 미의 바탕에 깔려 있다. 하지만 미에 대한 형태적인, 기능적인, 도덕적인, 신비적인 접근들에서 같은 경험의 다른 양상들이 아니라 그 경험을 설명하는 다양한, 심지어는 모순되는 방식들을 보기란 너무나도 쉬운 일이다. 그래서 로엡 시리즈에서 크세노폰의 『회상』을 편집한 학자는[3] 서문에서 다음과 같이 쓴다.

크세노폰이 전하는 소크라테스의 교설은 모든 좋은 것들과 아름다운 것들은 인간의 이익과 향유에 기여해야 한다는 것이다. 어떠한 것도 그것이 의도한 특정의 목적을 위해 유용하지 않다면 좋지 않다. 바로 이와 같은 교설을 소크라테스는 『대 히피아스』에서(이 대화편이 플라톤이 쓴 것이라고 말하는 것이 맞든 틀리든) 제출한다. 그러나 그는 그것을 검토한 후 지지할 수 없는 교설이라며 거부한다. 그러나 플라톤은 『고르기아스』에서 소크라테스가 어떤 사물은 그것이 즐겁거나 유용하거나, 또는 둘 다이기 때문에 아름답다고 선언하도록 만든다. 그리고 이 교설은 문제가 되지 않는다. 마지막으로, 이와 비슷한 취지의 구절이 『알키비아데스 I』에도 있다.……

그런데, 실제로 『대 히피아스』와 『고르기아스』의 태도 사이에 심각한 모순은 없다. 앞의 대화편에서 미에 대한 기능적인 정의는 겉보기에 소피스트술의 도움으로 거부된다. 그러나 그것은 실제로는 그 대화편의 다른 정의들과 마찬가지로 철저하지 못하기 때문에 거부된다. 우리가 보았듯이, 『대 히피아스』에서 소크라테스는 나중에 미에 대한 정의로서 눈과 귀에 의해 파악된 즐거움을 내놓는다. 분명히, 『고르기아스』에서 미에 대한 설명은 『대 히피아스』에서 선택지로 제공된 두 가지 정의를 포괄하도록 의도되어 있다. ⓐ유용성과 ⓑ앞에서 말한 것과 같은 즐거움들에 공통된 요인은 물론 좋음이다. 여기에서 주제에 바쳐진 제한된 논의 공간 때문에 플라톤은, 그토록 주의 깊게 『향연』에서 하는 것처럼 동시에 아름

---

3) E. C. Marchant, *Memorabilia and Oeconomicus*, Oxford 1923, xvii쪽.

다움을 좋음으로부터 구별하지는 않으면서도, 좋음에 아름다움을 관계시키고 있다. 『고르기아스』에 나오는 관련 구절을 검토해 보자. 이 대화편의 제목은 소피스트이자 연설가인 고르기아스(아가톤의 스승)로부터 유래한다. 고르기아스는 다소 G. M. 홉킨스[영국의 시인, 1844~1889]가 쓴 시의 방식으로 음의 유사성과 절반의 각운에 바탕을 둔 산문체를 창안했다. 연설술의 실행을 고르기아스가 이해한 대로 방어하려는 시도를 통해 그의 젊은 제자 폴로스는 '비도덕적인 인생관'을 옹호하게 되는데, 소크라테스는 전혀 어려움 없이 이를 뒤엎는다. 여기에서 우리의 관심을 끄는 논쟁 부분이 있다.

소크라테스: 이건 어떤가? 아름다운 것은 모두, 그것이 신체에 있든, 색깔, 형태, 소리에 있든, 아니면 행위에 있든, 어떤 목적에 관련하여 아름다운 것으로 분류된다고 나는 생각하네. 신체의 미는 어떤 특정 사례에서는 특수한 일을 수행하는 능력이나, 보는 사람이 순수하게 시각적으로 만족을 느끼는 경우들에서 즐거움을 제공하는 능력에 달려 있네. 자네는 신체의 미에 대한 이런 설명이 철저한 것이라고 생각하는가?

폴로스: 제가 보탤 거라곤 없습니다.

소크라테스: 그리고 모든 형태와 색깔에서 아름다움은 즐거움이, 유용함이 또는 이 둘이 모두 있는 것과 관련되어 있네.

폴로스: 동의합니다.

소크라테스: 소리와 음악적 효과들에도 비슷한 원칙이 적용되지 않는가?

폴로스: 네.

소크라테스: 또한 행위들과 법률들에도 같은 원칙이 타당하네. 그것들은

유용하거나 즐겁거나, 아니면 둘 다인 한에서 아름답네.

폴로스: 인정합니다.

소크라테스: 아마도 배움의 추구에서도 같은 아름다움이 발견될 수 있지 않을까?

폴로스: 물론입니다. 선생님께서 즐거움과 좋음에 의해 아름다움을 정의 내린 것은 전적으로 맞습니다.

소크라테스: 그렇다면 추함은 반대의 개념들, 즉 괴로움과 나쁨의 개념으로 정의되어야 하겠지?

폴로스: 그래야 합니다.

소크라테스: 그래서 어떤 대상이 아름다움에서 다른 것을 능가한다면, 그것은 즐거움이나 유용함이나, 아니면 이 둘의 측면에서 우월하기 때문에 그렇겠지?

폴로스: 물론입니다.

소크라테스: 그렇다면, 한 대상이 다른 대상을 추함에서 능가한다면 그것은 괴로움과 나쁨이 우세하기 때문에 그렇겠지?

폴로스: 예.

소크라테스: 자 그럼, 부정을 당하는 것과 부정을 가하는 것에 대해 자네가 말한 것을 보게. 자네는 앞의 것은 더 나쁘다고, 뒤의 것은 더 추하다고 선언했었네.

폴로스: 그랬습니다. (『고르기아스』 474d~475c)

이렇게 해서 소크라테스는 도덕적인 미의 원칙을 정립하는 데 성공했다. 부정을 당하는 것은 나쁘지만 부정을 가하는 것은 '추하다'는 폴로스의 견해는 알키비아데스가 자신의 이름이 붙은 첫번째 대화편에서 수용한 의견(115b, c)에 밀접하게 대응한다. 그곳에서 알키비아데스는 전장에서 동료를 버리는 것은 '[자신에게는] 좋지만 추한' 행동인 반면에, 자신을 희생하는 행위에 의해 동료를 돕는 것은 '[자신에게는] 나쁘지만 아름답다'는 점에 동의한다. 이런 용법은 우리 자신의 것과 대조된다. 왜냐하면 그리스인들과 달리 우리는 '좋다'는 말에서 강한 도덕적인 내포들을 의식하는 반면에, '아름다움'이란 단어의 도덕적인 내용은 증명되어야 할 것으로 남을 뿐만 아니라 가끔은 부정되기 때문이다. 그리스인들에게 아름다움은 주로 도덕적인 개념이었다고 주장하는 것은 결코 과장이 아니다. 그리고 그러한 진술을 지지하기 위해 우리는 그들이 아름다움의 반대어로 사용한 '아이스코스'(aischos)를 들 수 있다. 이 말은 수치와 추함의 의미를 모두 담고 있다. 아름다움은 그리스인들에게는 현저히 수치스러움에 반대되는 것 ─ 철저히 도덕적인 개념 ─ 이었다.

  마지막으로, 앞에서 인용한 『고르기아스』의 구절을 읽은 사람에게는 형태미 개념은 플라톤의 마음속에 도덕미나 기능미의 대안으로서 존재하지 않았다는 점이 분명해야 한다. 세 개의 모퉁이를 가진 피라미드 형태로 정신적인 도형의 도움을 받아 인간의 경험을 상상한다면, 우리는 아마도 플라톤을 가장 잘 이해할 것이다. 여기에서 각각의 모퉁이는 플라톤이 인정한 세 가지 기본 가치 ─ 참(眞), 아름다움(美), 좋음(善) ─ 를 나타낸다. 이것들은 피라미드의 꼭대기에서, 다시 말해 숭고함(또는 플라톤이 표현한 말 그대로는 '신적임'聖)에서 만나고, 그곳에서는 서로 구별되지 않는다. 인간의 혼은 숭고함으로 빙빙 돌듯이 올라간다. 그것은 형태미가 발견될 수 있는 곳인 참의 모퉁이에 있는 밑각에서 출발한다. 그리고 개인적인 미에서 가장 선명하게 구별될 수 있는 아름다움의 모퉁이를 거쳐 돌며, 사회의 법률과 질서 그리고 도덕성 일반에 대한 기쁨으로 규정되는 좋음으로 간다. 그러나 인간이 만든 도덕성은 숭고함에 미치지 못하고, 정상에 이르기 위해서는 한 번 더 돌아 올라가야 한다. 높이 나는 정신이 다시 한 번 참의 모퉁이에, 이번에는 형태의 단순한 조화들이 아니라 철학적인, 심리학적인 조절의 훨씬 더 정교한 현상들에 몰두한 채로, 나타나게 된다. 이 지점이 지난 뒤에, 『향연』에 기술된 '행복에 넘친 통찰'이 잇달아 일어나고, 숭고함을 향한 마지막 단계는 좋음을 향한 움직임,[4] 즉 성스럽고 참으로 철학적인 삶의 산출로서 그려진다. 하지만, 오르는 길의 어떤 지점에서든 세 가지 가치는 모두 어떤 의미에서, 위로 향한 방향이 유지되는 한에서 존재한다. 왜냐하면 방향이 그것들을 결합시키기 때문이다. 그것들은 같은 점에서 만나고, 이 점은 그것들 세 개를 모두 통과하는 방식에 의해서만 도달될 수 있다. 이렇게 해서 아름다움은 참에 의해 조장되고, 그것 자체는 좋음을 조장한다. '도덕적인 미'란 용어의 타당성을 부정하는 미학자들을 이해하기란 어렵다. 신성함과 단적인 올바름 사이에 어떠한 차이도 없는가? 이와 같은 방식으로, 형태미에 대한 지각은 참으로부터 분리될 수 있다. 플라톤은 기하학에서 미를 보았다──그러나 보통의 학생은 다르게 느낀다. 그렇다면 분명히, 정신의 열망은 때로는 어느 하나를, 때로는 다른 어느 하나를 강조하지만, 플라톤의 세 가지 기본 가치 중 어떤 것도 그 자체로 충분하지 않다.

---

4) 궁극적으로 좋음이 참에 대해 우월하다는 점에 대해서는 『국가』 509a를 보라.

선발된 5명의 처녀(The Chosen Five, 1885년 作), Edwin Long(1829~1891)

3장_ 예술과 창작에 대한 플라톤의 평가

이 3장과 앞 장의 관련은 실제로 이것들 간에 아무런 관련도 없다는 사실에 있다. 다시 말해, 우리는 예술과 미의 자명한 관계를 인정하지만, 플라톤은 어떠한 관계도 인정하지 않았다. 사실상 미의 측면에서 예술에 대해 논평하는 곳에서, 그는 종종 예술 작품들이 그러한 측면에서 결함이 있다고 비난한다. 예를 들어, 『국가』에 다음과 같은 언급이 있다.

> 그렇다면, 앎에 의해서도 추측에 의해서도 모방자(즉, 작가)는 자신의 모방과 관련하여 아름다움과 나쁨 사이를 구별할 수 없네. (『국가』 10권 602a)

그러한 태도는 아마도 플라톤이 시대의 예술에 공감하지 못한 데 기인할 것이다. 예술에 대한 비판에서 그는 형태미의 기준들에 호소한다. 이 형태미가 그가 염두에 둔 작품에 결여된 것으로 보인다. 『법률』(2권 667e)에서 그는 즐거움과 오락의 가치가 진리와 균형을 대신하지 않는다는 점을 엄격하게 인지한다. 그리고 『소피스트』(235d)에서 당대의 예술에서 인상파적인 관행들로 보이는 것을 비난한다. 우리는 플라톤이 가하는 비판이 지닌 이러한 측면을 길게 논하지 않을 것이다. 지면이 허락하지 않기 때문이기도 하거니와, 주제 전체가 이미 소르본대학 교수 피에르-막심 슐(Pierre-Maxime Schuhl)의 저술 『플라톤과 당대 예술』(*Platon et l'Art de son Temps*)에서 충분하게 다뤄졌기 때문이기도 하다. 훌륭한 비평가는 자신의 취향과 편애를 숨길 필요는 없지만 그것들을 보다 일반적으로 적용할 수 있는 규준들로부터 구별할 줄 알아야 한다고만 말해 두자. 플라톤은 그럴 능력이 없었다. 그리고 그가 자신의 개인적인 편애를 이론적으로 주장하면서 제출한 준(準)-형이상학적인 논증들은 검증을 배겨 내지 못할 것이다.

플라톤이 예술과 창작에 대해 취한 태도에서 보인 명백한 편견은 사실상 그것들에 반대하는 그의 입장을 약화시켰고, 반대의 방향으로 치닫는 편견을 가진 현대 비평가들의 공격과 오해에 노출되었다. 예를 들어──현대의 전제들에 따라──예술은 본질적으로 '창조적'이지 '재현적'이지 않다는 점을 들어 플라톤이 예술을 '모방'으로 보는 견해를 수용했다고 비난하는 것은 시대착오에 지나지 않는다. '창조'로서의 예술은 무신론적 자유주의자가 무신론적 독재자에게 주는 응답이다. 그것은 크로체[이탈리아의 미학자, 1866~1952]가 니체[독일의 철학자·미학자, 1844~1900]에게 주는 응답이다. 이 두 사상가들은 각기 다른 방식으로, 인간화된 신성을 신격화된 인간성으로 대체하는 것이 필요하다고 보았다. 그리고 예술에서 크로체는 신적인 창조 능력에 대한 인간의 권리를 발견했다. 하지만 그러한 견해들은 무신론적인 체계들에서만 가능하다. 그리고 플라톤은 무신론자가 아니었다. 더욱이, 상식은 의심할 여지 없이 그의 편이다. 그래서 우리는 『소피스트』(266a)에서 두 종류의 창조된 사물들, 즉 인간적인 것과 신적인 것이 있다는 부분에 접한다. 영상과 그림자가 (신이 창조한) 물질적인 자연에 대해 갖는 관계는 예술적인 묘사(모방)가 실용적인 기술들 및 이것들의 산물들에 대해 갖는 관계와 같다. 이런 정연한 분류는 신의 창조물들이 또한 예술적인 묘사의 대상들이 된다는 사실을 떠올림으로써 얼마간 손상되지만, 우리가 주목할 점을 놓칠 필요는 없다. 그림자, 꿈, 그림 등의 재현물들은 열등한 등급의 진리를 구성한다. 여기에서 한 감각의 증거는 또 다른 감각의 증거를 지시함으로써 확인될 수 없다. 그렇다면, 진리의 점에서 예술은 열등하다. 이 사실은 명백하다. 너무나도 명백해서 플라톤이 그런 사실에 기초하여 예술을 고발하려는 것은 현대의 비평가가 그런 사실의 적절성을 부인하는 것만큼이나 어리석었다.

만일 현대의 해설가들이 예술에 속한 본질적으로 재현적인 특성을 부정하는 대신 그것의 주마등과 같은 성격을 특별한 장점들로부터 떼어낼 수 없는 결점으로서 인정한다면, 우리는 플라톤의 결례들을 더 잘 제대로 평가할 수 있게 될 것이다. 다시 말해, 예술은 열망과 목적을 위해 진리를 희생한다. 현실이 허용하는 것보다 더 자유롭게 의지가 발휘되도록 지성은 꿈의 세계로 마취되고 회유된다. 예술은 진실성이 덜하다는 플라톤의 반론에 대해서는, 다른 관점에서 보면 예술가의 의지를, 그리고 아마도 그를 따르는 대중의 의지를 더 진실로 표현하는 한에서 예술이 현실보다 더 진실이라고 대꾸할 수 있을 것이다. 다른 한편으로, 예술가는 자신이 불러일으킨 그림자들의 우주를 절대적으로 관장한다. 그리고 그가 관장할 때 지혜와 정직을 내보이면서 공정한 지배자이어야 한다는 점은 중요하다. 이것은 물론 모든 드라마나 서사시가 '보답 받은 덕행'의 이야기이어야 한다는 것을 의미하지 않는다. 왜냐하면 주인공들이 하늘에 대한 믿음 속에서 거룩하게 죽는 것이 종종, 특히 비극 예술에서 바람직하기 때문이다. 하지만 이는 플라톤이 예술에 대해 도덕주의적인 태도를 수용할 때, 현대의 비평가들이 예술은 미에만 관련되지 도덕과는 무관하다는 성급하고 전혀 맞지 않는 진술로써 우리로 하여금 그를 대강 처리하도록 시키려고 들듯, 우리가 그를 경솔하게 대강 처리할 수 없다는 것을 뜻한다.

우리는 머리말에서 아리스토텔레스는 주로 '미학' 또는 예술의 연구에 관여한 반면에, 플라톤의 강점은 '미론', 미의 분석에 놓여 있었다는 점을 주목했다. 따라서 우리는 미의 다양한 양상들이 플라톤의 주제였을 때 우리가 발견했던 것과 같은 정합성과 일관성을 그가 예술과 창작을 다룰 때 발견하기를 기대하지 않는다. 하지만, 우리가 가진 여러 가지 목적을 위해, 우리는 그가 이 주제를 다룬 것을 연구하면서 다소 정돈된 방법을 채택해야 한다. 그리고 그가 『국가』에서 우리에게 제공하는 창작과 예술에 대한 평가를 개관하고 해설함으로써 시작하는 것이 가장 좋을 것이다. 이 대화편에서 그는 다른 어느 대화편에서보다 더 상세하게 예술의 가치에 대해 글을 쓴다. 그는 또한 여기에서 다른 어느 대화편에서보다 더 큰 편견을 가지고 글을 쓴다. 그래서 우리가 창작과 예술에 대한 평가라고 순하게 이름 지은 것은 아마도 이런 능력들에 대한 고발이라고 불려야 더 적합할 것이다. 『국가』는 항상 논쟁을 불러일으키는 대화편이었다. 그리고 그것은 오늘날과 마찬가지로 고대에도 예술 애호가들의 적의와 분노를

샀다. 그것이 지닌 조야한 비논리성과 부당성 자체가 도발적이다. 프로클로스와 같은 고대 작가들은 그것이 다른 대화편들에서 표명된 견해들과 일치하지 않는다는 점을 주목했다. 현대의 학자들과 비평가들은 그것으로부터 눈길을 돌려 그들이 『이온』에서 발견한다고 생각하는 창작에 대한 보다 관대한 태도에 호소한다. 현대의 민주주의자들은 ── 의심할 여지 없이 고대의 민주주의자들처럼 ── 창작을 판단하는 스파르타적·전체주의적인 기준들에 의해 충격을 받는다. 그리고 플라톤이 그의 이상 국가에서 작가들을 추방한 것은 확실히 이데아 세계로부터 '국가들'을 추방한 것에 의해 답변될 수 있다.

하지만 창작에 대한 어떠한 옹호자도 『국가』의 고발을 해결하는 데 전혀 성공하지 못했다. 해결의 시도들도 대부분 우리가 언급한 것과 같은 종류의 오해들과 잘못된 가정들에 의거했다. 그러나 플라톤이 한 고발의 신랄함은 무엇보다 플라톤 자신이 위대한 문학 예술인에 속했다는 사실에 기인한다. 그의 대화편들은 때로는 극이고 그의 산문은 때로는 시적이다. 어떻게 『국가』의 논증들이 비논리적이고 부당한 것이었다고 밝혀지든 상관없이, 플라톤 정도의 재간을 가진 위대한 작가라면 자신의 마음속에 글쓰기를 경멸하는 점을 발견할 수 있으리라는 사실은 남는다. 더욱이, 그의 경멸은 일시적인 변덕이 아니었다. 『파이드로스』의 후반부는 대부분 문학 예술을 반대하는 데 바쳐져 있다. 우리는 플라톤이 구어와 소크라테스의 개인적인 사례에 비하면 자신의 문학적인 재능이 아무것도 아닌 것이라고 생각했다고 결론을 내려야 한다. 이는 문학이 정치적 자유를 대체했던 고대 말기도, 문학이 종교적인 신념을 대체했던 낭만적인 근대도 일찍이 이해할 수 없었던 점이다. 다만, 『국가』에서 플라톤이 예술을 비난한 것에, 육욕을 비난하는 독신주의자를 연상케 하는 어떤 치열함이 동반된다는 점을 주목하는 것은 흥미롭다. 플라톤이 썼던 것처럼 쓸 수 있는 사람에게는 글쓰기는 열정이다. 그리고 이 열정을 포기하는 대가는 깊은 쓰라림이었다. 쓰인 말은 기억을 돕는 가치만 일정 정도 갖는 것으로 인정했기 때문에, 그가 결코 원칙적으로 글쓰기를 삼간 것은 아니다. 그는 글쓰기의 즐거움을 마치 이것이 유혹인 양 포기했다. 그리고 『소피스트』, 『정치가』, 『테아이테토스』와 같은 나중의 대화편들이 띤 보다 차가운 수학적인 성질은 그가 문학의 현실도피로 틀림없이 여겼을 것에 대한 승리를 보여 주는 증거이다.

『국가』의 주제는 정의이다. 그것은 정의로운 사람은 필연적으로 모든 경우에서 부정한 사람보다 더 행복하다는 점을 보여 주려는 시도이다. 이 대화편은 전통적으로 10권으로 나뉜다. 1권은 『고르기아스』의 폴로스와 칼리클레스처럼 비도덕주의자의 논증을 제출하는 소피스트 트라쉬마코스와 벌이는 호되고 가차 없는 논증이 차지한다. 트라쉬마코스는 소크라테스가 지닌 변증술의 힘들에 의해 정복되고 굴욕을 당한다. 그러나 문제는 즉시 (플라톤의 형들인) 글라우콘과 아데이만토스에 의해 재개된다. 그들은 소크라테스의 이상주의에 공감하지만 보다 실질적인 논증을 펼칠 것을 그에게 요구한다. 그리고 대화편의 나머지 부분에서 그들은 '반증 제출관'(devil's advocates)[트집쟁이]의 역할을 한다. 또는 때때로 소크라테스가 자신의 입장을 다듬을 때 한 항목씩 단순히 응답하는 사람의 역할을 한다. 개인 안의 정의를 이해하기 위해서는 먼저 국가 안에서 정의가 갖는 의미를 인지해야 한다고 주장된다. 따라서 이상적으로 정의로운 국가를, 그리고 그러한 국가에 존재할 법한 법률들과 관습들의 주요 부를 개설하는 시도가 이루어진다. 이 국가는 세 개의 사회 계층——수호자 또는 지배 계층, 군대, 하층민——으로 이루어진 것으로 간주된다. 이 세 계층은 인간 심리의 세 가지 요소——이성, 의지력, 욕망——에 상응한다. 교육, 특히 지배 계층의 교육에 관한 물음이 즉시 제기된다. 전통적인 그리스 교육은 주로 호메로스의 시에 바탕을 두고 있다. 그리고 플라톤은 즉시 호메로스에 대한 체계적인 비판에 착수한다. 그는 『일리아스』와 『오뒤세이아』의 많은 구절들, 특히 신들과 영웅들의 행위들을 그들에 어울리지 않게 묘사하는 구절들에 대한 검열이 필요하다고 깨닫는다. 플라톤은 또한 그리스 신화의 다양한 체현과 변신이 불변하는 비인격적인 신성에 관한 자신의 생각에 어긋난다는 점을 발견했다. 그는 아마도 같은 이유로 기독교 신앙에 반대했을 것이다. 현대의 주석가들은 플라톤이 도덕적인 근거들을 바탕으로 시인을 비판하는 것을 용서할 필요가 있다고 생각한다.

그리고 그리스인들에게는 호메로스와 헤시오도스가 시인 이상의 사람들이었다는 점도 지적된다. 그들의 시는 성전(聖典), 그리스의 종교적 전통의 주요 저장소였다. 이 말은 물론 맞다. 그리고 작가들을 그렇게 여겼다는 사실은 도덕적인 비판을 특히 적절한 것으로 만든다. 이와 동시에, 문학 비평에서 도덕적인 기준들은 그러한 특별한 간청에 의해 정당화될 필요가 없다. 그리고 자칭 플라톤을 변호하는 사람들이 내보이는 염려는 가끔 현대 미학이 보이는 편견에 대한 척도일 뿐이다. 얼마나 쉽게 우리는 미와 도덕성이 절대적으로 분리될 수 있고, 예술은 오로지 미와 관련한다고 가정하는가! 하지만 우리는 이미 플라톤 자신의 저술을 언급함으로써 첫번째 가정이 맞지 않다는 점을 증명했다. 두번째 가정을 보자면, 그것은 플라톤뿐만 아니라 고전기의 그리스 사유 일반에도 낯설다. 그리고 그리스인들은 예술에 대해 무엇인가를 알았던 사람들로 인정될 수 있다.

플라톤이 『국가』의 이 부분에서 가한 보다 전면적이고 일반적인 비판은 다양한 장르의 창작에 관련되어 있다. 극이나 서사적인 서술의 방식으로 다양한 인물들의 입에 오른 창작이 비난을 받는다. 교육적인 가치를 가지려면 창작은 교훈적이어야 한다. 그리고 작가는 그가 몸소 작품을 전달할 때에만 효과적인 교사일 수 있다. 보통의 교수 방법으로 대화를 택한 철학자가 이런 주장을 하다니 특이하다! 하지만, 플라톤은 여기에서 그가 믿듯이 그 성격이 근본적으로 종교적인 연소자 교육만을 논의하고 있다. 나중의 교육 단계에서는 엄격한 원칙을 포고하는 것보다는 논리적인 능력을 육성하는 것이 필요하게 된다. 그리고 이 목적을 위해 대화가, 또는 심지어는 극작이, 그가 (『국가』에서는 아니지만) 조심스럽게 『법률』에서 허용하듯이, 이점을 가졌다. 더 나아간 철학 교육의 단계가 확실하게 『국가』에 그려져 있다. 그리고 아이에게 기초적인 것을 주입하는 것으로부터 성인이 갖춰야 할 비판적인 독립성의 배양으로 옮겨 가는 경우는 어느 정도 신중을 요하고, 어려움이 따른다(7권 537d). 작가의 독백에 대한 플라톤의 요구는 좋은 것은 불변하고 영원하다는 관념에 의해, 그리고 또한 공동체의 효율에 필수적인 것으로서 이미 선언한 바 있는 '노동 분업'의 원칙을 다소 부자연스럽게 적용한 것에 의해 조장된다. 소년이 '선한 사람'의 역이 아닌 다른 어떤 역으로 작품을 암송하는 것은 해로울 것이다. 그리고 수호자 계층이 할 일은 선하고 지혜로운 자가 되는 것이었으므로, 다른 행동 방식들을 위해 그를 훈련시키는 데에 어떠한 유용한 목적도 발견될 수 없었다. 이것은 플라톤의 논의가 『이상한 나라의 앨리스』(*Alice in Wonderland*)의 비논리적인 논리를 희미하게 떠오르게 하는 경우들 중 하나이다.

하지만 이러한 결정들의 결과로서, 플라톤은 그의 이상 국가에서 디튀람보스의 창작을 장려하는 데 동의한다. 디튀람보스(Dithyrambos)는 [주신酒神] 디오뉘소스에게 경의를 표하며 부른 일종의 행렬 찬가였다. 그리고 『변론』에서 디튀람보스는 비극과 더불어 비난받는다. 소크라테스는 그곳에서 어떻게 그가, 진리를 찾아 헛걸음치며, 처음에 정치인들에게, 그 다음에는 작가들에게, 그리고 마지막으로 장인(匠人)들에게 찾아갔는지를 서술한다.

정치인들 다음으로 저는 작가들을 찾아갔습니다. 비극, 디튀람보스, 그리고 다른 창작의 작가들을 찾아갔습니다. 여기에서 제 자신의 극악한 지적인 열등성이 폭로되기를 기대했습니다. 저는 그 작가들이 가장 힘들여 쓴 것으로 보인 작품들을 골라 깨우침을 기대하며 그들에게 그것들의 의미를 묻곤 했습니다. 여러분, 불편한 진실을 감추지 않겠습니다. 우리의 대화를 우연히 지켜본 사람들이 작가들 자신보다 더 잘 그 작품들을 해설할 수 있었습니다. 그래서 곧 저는 깨달았습니다. 짧게 말씀드리자면, 그들의 창작 능력은 지혜에 바탕을 둔 것이 아니라, 우리가 예언자들이나 점쟁이들한테 인정하는 어떤 천성이나 영감에 바탕을 둔 것이었다는 점을 깨달았습니다. 왜냐하면 그들은 유창하게 말을 하지만 자신들이 말하는 것들을 이해하지 못한다는 점을 드러냈기 때문입니다. 작가들도 안타깝게도 그러한 경우인 것처럼 제게 보였습니다. 저는 또한 성공한 작가가 자신의 지적인 우월성이 창작의 영역을 넘어서까지 미친다고 생각한다는 점을 감지했습니다. 그렇지 않은데도 말입니다. 그리고 저는 제가 정치인들을 상대하면서 깨달았던 것과 같은 정도의 우월감을 의식하며 그 자리를 떠났습니다. (『변론』22a~c)

물론, 소크라테스의 우월감은 그 유명한──그는 적어도 자신이 아무것도 알지 못한다는 점을 안다는──우월감이었다. 그러나 앞의 말에 대한 우리의 관심은 그것이 다른 형태의 창작과 더불어 디튀람보스를 비난하는 데에 있다. 그렇지만 디튀람보스는 『국가』(3권 394c)에서 시인이 몸소 전달하는 장르로서 특별히 추천된다. 이러한 직접 전달되는 작품은 전면적으로 금지되지 않는다. 하지만 여기에서 모순을 발견하는 것은 잘못일 것이다. 『변론』에서 소크라테스는 자신의 경험을 말하고 있고, 그가 디튀람보스에 내리는 판단은 오로지 당대 작가들의 관행에만 적절하다. 『변론』의 비판은 내용에만 관련될 뿐, 형식에는 관련되지 않는다. 그리고 작가들은 자신들이 가르치거나 가르치지 못한 내용 때문에 비난받지, 그들이 가르치는 방법 때문에 비난받지 않는다. 『법률』(3권 701a)에 분명하게 나오듯이, 플라톤은 디튀람보스 창작이 건강한 전통을 대표한다고 믿었다. 이것이 '극장 지배'(theatocracy)──오락의 가치만을 고려했던 극장의 군중 판단──가 제시하는 피상적인 기준들에 굴복함으로써 타락되었다는 것이다. 디튀람보스는, 다른 형태의 송시, 찬가와 마찬가지로, 처음에는 일반적인 형태를 보존했다. 그러나 시인들의 혁신들이 통제받지 못하자 나중에 장르 혼동(confusion de genres)에 이르게 되었고, 전례(典禮)적이거나 윤리적인 의미가 모두 상실되었다. 이러한 창작은 즐거움의 기능과 기준들 외에 다른 어떤 기능과 기준들도 인정하지 않았다. 그러한 창작이 『변론』에서 소크라테스의 비판을 초래했던 유형의 디튀람보스였음이 분명하다.

같은 방식으로, 『국가』3권(395a)에 표명된 비극과 희극에 관한 견해와 『향연』의 마지막 부분에서 소크라테스에 귀속된 견해 간의 표면상 모순은 당대의 관행과 이상적인 잠재성 간의 구별에 의해 설명될 수 있을 것이다. 『국가』에서 우리는 같은 작가가 똑같이 비극과 희극에서 성공적일 수 없다는 내용에 접한다. 반면에, 아리스토데모스가 『향연』에서 마지막에 일어난 일로 기억한 소크라테스와의 논쟁에서, 두 극작가 아가톤과 아리스토파네스는 비극작가가 사실상 똑같이 자신이 희극에서도 성공적임을 증명할 수 있을 것이라고 인정하는 데로 몰린다. 『국가』에서 플라톤은 당시의 문학적 관행에 해당되는 상황을 염두에 두지만, 『향연』에서 그는 오직 잠재성에 관련되어 있는 것처럼 보일 것이다. 문학적 관행을 제외한다면, 작가가 똑같이 비극과 희극에서 성공을 거두는 것을 방해할 것은 아무것도 없었다. 이와 동시에, 플라톤은 ── 만일 우리가 위의 견해를 수용한다면 ── 그 자체로 가능성이었던 이상적인 공동체를 위해 법률을 제정하면서 단지 동시대의 관행일 뿐인 것에 호소한다는 점에서 비판받아 마땅할지도 모른다. 이러한 문제들은 플라톤이 『국가』에서 창작과 예술을 논하는 과정에서 많이 발생한다. 그리고 얼마나 그가 일관적이고, 얼마나 그가 그렇지 못한지를 결정하는 일은 결코 가능하지 않다.

『국가』의 앞부분에서 [문예] 창작에 부과된 기준들은, 3권 끝부분을 향해 가면서, 음악 쪽과 ── 수공예들뿐만 아니라 ── 회화와 조각의 유형 예술들(inert arts) 쪽을 포괄하는 데까지 확대된다. 우리는 그리스 음악에 대해 아는 바가 아주 적다. 그러나 그리스인들이 일정한 음조들을 일정한 인간 감정들과, 따라서 창작에서 표현된 대로의 감정들과 아주 밀접하게 관련시켰다는 점은 분명하다. 음악, 그리고 종종 춤은 거의 항상 음성을 따른다. 그리고 우리가 그리스 음악을 상실한 것은 우리가 그리스극의 합창가들이 지닌 운율을 분석하는 데 겪는 어려움의 상당 부분에 대해 책임이 있다. 사정이 이렇다면, 우리는 창작에 대한 플라톤의 비판이 창작에 상당하는 음악에까지 확대될 수 있다고 쉽게 이해할 수 있다. 우리가 따라가기 그리 쉽지 않은 것은 유형 예술까지 그것을 확대하는 부분이다. 왜냐하면 창작이 토론 과정 중에 초래했던 비난들은 거의 대부분 그것의 명시적인 교육적 측면들에 바탕을 두었기 때문이다——이 측면들은 회화와 조각에서는 훨씬 덜 분명하고, 수공예들의 경우에는 거의 존재하지 않는다. 하지만 플라톤은 창작 예술과 음악 예술이 시각적인 유형 예술들과 같은 종류의 영향력을 발휘한다고 강하게 느꼈다. 그리고 이 관계를 명료하게 하려는 욕구는 그가 10권에서 예기치 않게 그 주제로 되돌아간 이유일지도 모른다. 사실, 10권은 결코 그 점을 명료하게 말해 주지 않는다. 그 이유는 플라톤이 너무 좁은 공간에서 너무나도 많은 것을 말하려고 하기 때문이다. 그는 결코——현대의 철학자들이 깨달은 것처럼——큰 주제인 '미학'이 무엇인지를 깨닫지 못했다. 하지만, 그가 유형 예술을 무형 예술(progressive arts) 또는 음악 예술과 관련시킨 것은, 우리에게는 명백하지만, 플라톤의 동시대인들에게는 그렇지 않았다. 그리스 전통에서, 창작과 음악은 역사와 교육과 더불어 아폴론과 뮤즈 여신들의 영역을 구성했다. 회화와 조각은 수공예들과 자수(刺繡)와 비슷한 것으로 간주되었고, 그 자체로 실천적인 여신 아테나의 후원을 받았다. 『국가』 10권에서, 플라톤은 그 두 가지 유형의 예술을 그것들이 '재현적'이라는 이유로 한 곳에 분류한다. 현대인들도 본능적으로 오락적인 무형 예술과 유형 예술을 한 곳에 분류한다. 그러나 '재현'(representation)이라는 말이 병적으로 두려운 나머지, 우리는 더 모호하게, 덜 설득력 있게 '표현'(expression)이라는 말로 그것들의 유사성을 설명한다——왜냐하면 오락성만으로는 예술이 스포츠로부터 거의 구별되지 않기 때문이다.

이와 동시에, 플라톤은 거의 혁명적인 분류를 하면서 어원적으로 장점을 누렸다. (춤을 통한 재현을 포함하여) 시적인 또는 극적인 역할을 '음송하다', '행동하다', 또는 '연기하다'는 뜻을 품게 되는 일상적인 그리스어는 'mimeisthai'[모방하다]였다. 분명히, 이 말은 반드시 말 없는 쇼를 함축하지는 않지만 우리의 'mime'[무언극]와 밀접한 관계가 있다. 플라톤은 어떤 부분을 '흉내 내는' 배우, 화자, 또는 가수가 자연의 작품들을 '모사하는'(mimeisthai) 화가나 조각가와 같은 범주에 속한다고 주장한다. 음송이나 공연을 나타내는 그리스어가 말 그대로는 재현이나 모방을 의미했다는 사실은 심지어는 플라톤 이전에 그리스인들이 재현을 무형 예술과 유형 예술 사이에 있는 유사성의 토대로서 의식했다는 점을 가리키는 것으로 보일 것이다. 물론 'imitation'[모방]이란 단어는 영어에서, 추천할 만한 것을 의미할 수도 있고, 이것에 반대되는 것을 의미할 수도 있다. 우리는 『그리스도의 모방』(그리스도를 본받아)[토마스 아 켐피스 (1380~1471)의 저술]을 말하기도 하고, '모조 진주 목걸이'를 말하기도 한다. 그 그리스어는, 플라톤의 손에 들어오기 전에, 항상 긍정적이고 추천할 만한 것을 뜻했고, 그것이 『국가』 10권에서 얻은 허위와 사기의 의미를 결코 가지지 않았다는 주장이 있었다.[1] 그럼에도, 재현된 것이 원물에 미치지 못하는 한에서, 모든 재현에는 그릇된 재현이라는 관념이 함축되어 있다.

그래서 10권은 '모방 예술' 또는 재현 예술이 지닌 위험들을 반복하는 것으로 시작한다. 소크라테스는 국가의 건강 및 병의 본성이 검토되었으므로 그 점이 분명해졌다고 주장한다. 그는 동시에 극 창작과 서사시 창작 쪽과 그림에 의한 재현들 쪽 간에 평행선을 긋는다. 우리가 관찰했듯이, 'mimeisthai'[모방하다]라는 말은 다른 의미로 아주 쉽게 옮겨진다. 그림은 거울의 상과 유사하고, 거울의 도움을 받아 그토록 훨씬 더 쉽게 산출될 수 있는 것을 산출하면서 쓴 노력은 허비된 노력이라고 주장된다. 이데아론이 불러내어지고, 소크라테스는 어떤 대상에 대해 세 가지 형태가 우리의 의식에 주어진다고 주장한다. ①예를 들어, 침대의 영원한 신적인 이데아, 즉 침대에 대한 실재 상태의 순수하게 지적인 개념, ②감각 경험에 주어지는 대로의 대상, 즉 일상생활의 침대, 그리고 ③그 대상을 예술가가 묘사하여 재현한 것. 따라서 그림은 실재로부터 두 단계 떨어져 있다. 이와 마찬가지로, 호메로스와 작가들은, 그들의 영향이 유해하지 않다고 하더라도, 무익하고 쓸모없다. 인간의 성격과 인간사 및 세상사에 대해 그들이 재현한 것들은 실재에 대해, 화가가 물질적인 현상들을 재현한 것과 같은 관계에 있다. 그리고 작가들과 화가들은 오직 외관들에만 관계한다고 주장된다. 한 대상의 실재를 알기 위해서는 그것의 기능을 또한 이해하는 것이 중요하다. 이렇듯, 어떤 대상에 관련해서든 세 가지 능

---

1) H. Koller, *Die Mimesis in der Antike*, Bern 1954 참조.

력 ― 그 대상을 사용하는 기술, 그것을 만드는 기술, 그것을 재현하는 기
술 ― 이 있다. 처음의 두 기술은 대상의 기능에 의해 함축된 대상의 실
재와 관계하지만, 세번째 기술은 기능과 쓸모를 고려하지 않는다. 그것은
외관만을 산출할 뿐, 실재를 산출하지는 않는다. 따라서 재현 기술은 열
등한 결과를 산출하는 열등한 능력이다.

예술가가 외관들에 어리석게 몰두한 또 다른 결과는 예술과 창작의
비이성적인 감정적인 본성이다. 회화는 시각적인 환영으로 가득 차 있고,
그것이 산출하는 결과들은 측정과 수학적인 평가의 시험을 이겨 내지 못
할 것이다. 그렇다면 우리는 무형 예술들이, 이성을 포기함으로써, 단순
한 감정주의의 과오로 빠지더라도 놀라서는 안 된다. 극장을 한 번 본다
면 우리가 이런 견해를 확신하기에 충분하다. 관객은, 바로 희극에서 어
쩔 도리 없는 웃음에 빠지듯이, 비극에서 억제되지 않은 감정을 만끽하는
데 익숙하다. 이것은 바람직한 것과는 정반대이다. 왜냐하면 『국가』의 앞
권들에서, 감정이 아닌 이성이 인간 혼에서 최고이어야 한다는 점이 보여
졌기 때문이다. 그리고 극장에서 상연된 비극과 희극의 주인공들과 자신
들을 동일시함으로써 관객들은 결국 그들을 닮게 되고, 이성이 아니라 충
동과 감정의 단순한 생물들로 전락한다. 소크라테스는 3권에서 도달한
원칙, 즉 극 창작이나 서사시 창작은 이상 국가에 설 자리를 가질 수 없다
는 점을 반복하면서 예술과 창작에 관한 논의를 끝맺는다. 신에 대한 찬
가와 훌륭한 인간들에 대한 찬사만이 허용된다. 그리고 그것은 다소 교
훈시나 매한가지다. 창작에 대한 비판이 ― 잘못 진술되지는 않았더라
도 ― 과장되었다는 점을 의식이라도 하듯이 그는 농담조로, 만일 창작
을 사랑하는 사람이 자신이 직접 지은 산문이나 운문을 통해 작가들을 성

공적으로 옹호할 수 있다면 작가들이 돌아와도 좋을 것이라는 점을 시사한다. 회화와 조각에 대해서는 아무것도 더는 논의되지 않는다. 이것이 함축하는 바는 그것들은 극 창작이 교훈시 창작에 관계하여 갖는 것과 같은 위치를 기술들이나 유용한 예술들에 관계하여 갖는다는 점인 듯하다. 창작과 예술에 대한 이런 아주 비지성적인 평가에 깔린 동기는 나쁜 예술로부터 좋은 예술을 구별하기 위한 단순한 기준을 발견하려는 플라톤의 욕구에 놓여 있다. 그가 도달한 기능적인 기준은 너무나도 단순해서 타당하지 못하다. 그리고 그것은 그가 다른 대화편들에서 '모방' 예술에 대해 행한 훨씬 더 개연적인 평가들에 모순된다. 예를 들어, 『국가』에서 우리는 작가가 소피스트보다 저급이고, 화가는 목수보다 열등하다는 내용에 접한다. 하지만, 『파이드로스』에서는, 우리가 보았듯이, 인간의 다양한 능력들이 평가되는 곳에서(248d), 작가들과 여타 재현 예술가들은 장인들이나 소피스트들보다 더 높은 자리를 차지한다. 『파이드로스』에서 나중에도(268d) 비극작가는 단순한 독백의 작가와 호의적으로 비교된다. 극작의 본질은 단순히 이야기를 쓰는 데에 있는 것이 아니라 여러 가지 이야기들을 통일되고 예술적인 전체로 엮는 데에 있다는 내용에 우리는 접한다. 『국가』의 문장력을 결하고 있지만, 우리에게 훨씬 더 건전하고 훨씬 더 실용적인 견해를 이상 국가에 대해 제공하는 『법률』에서는, 창작과 예술에 대한 어떠한 기계적인 기준도 제시되지 않는다. 그러지 않고, 비극과 희극은 조건부로 조심스럽게 허용된다. 희극들은 시민들이 어떤 종류의 행위들이 우스꽝스럽고 피해야 할 것들인지를 알아야 하기 때문에 공연될 것이다. 하지만 공연은, 시민들 자신이 희극 무대의 우스꽝스러운 역할들에 의해 제약을 받게 되지 않도록, 노예들이나 유급 외국인들에 의해 이루어져야 한다. 악마와 함께 저녁을 드는 사람은 긴 숟가락이 필요하다! 다른 한편으로, 비극은 그것이 고귀하고 품위 있는 유형의 성격들을 묘사하는 한에서, 어떤 의미에서 사회의 입법자와 교육자에 견줄 만하다. 따라서 비극이 제시하는 행위의 이상들과 기준들이 국가 자체의 이상들과 일치한다고 확신하게 될 검열 위원회 앞에서 공연 신청이 통과될 때에만 비극의 공연은 허용된다고 확고하게 선고된다. 각각의 공연 신청은 그것이 가진 장점들에 의해 판단되어야 한다(『법률』7권 816d~817d).

플라톤이 창작과 예술을 다루고 있는 『국가』의 부분들이 그 주제와 관련하여 그의 가장 풍부하고도 가장 체계적인 논의를 대표한다는 점은 불행이다. 왜냐하면 다른 대화편들과 비교해 보면, 그것이 플라톤의 숙고된 의견을 담고 있지 않다는 점이 분명해지기 때문이다. 이러한 의식에 고무되어, 학자들은 가끔 작가와 예술가에 보다 관대한 쪽으로 『국가』를 해석함으로써 플라톤의 체면을 세우려고 시도했다. 이러한 비판의 한 가지 사례가 테이트 교수의 논문들[2]에 나온다.

이 논문들에서 그는 플라톤은 사실 두 가지의 예술, 즉 좋은 예술과 나쁜 예술을 인지했고, 이 두 가지는 두 가지 '모방'(mimesis), 즉 좋은 모방과 나쁜 모방에 상응한다고 주장한다. 좋은 모방은 신적인 이데아의 모방이고, 나쁜 모방은 단순한 감각 현상들의 모방이다. 우리는 좋은 모방에 관련하여 다음과 같은 내용에 접한다.

---

2) J. Tate, "Imitation in Plato's *Republic*", in *Classical Quarterly* 22(1928), 16~23쪽과 "Plato and Imitation", in *Classical Quarterly* 26(1932), 161~69쪽.

수호자들은 자신들의 것으로부터 완전히 낯선 성품들이 아니라 자신들의 이상적인 성품을 모방하게 될 것이다. 그것은 개성의 억압이 아니라 개성의 발전을 함축한다.

이와 비슷하게, 우리는 다음과 같은 내용에 접한다. 좋은 창작은 모방적이다.

왜냐하면 그것은 철학자가 몸소 모방하고 닮으려고 노력하는 이상적인 세계를 모방하기 때문이다. 그(플라톤)는 모방하는 작가가, 수호자들이 모방적이도록 허용되는 의미에서, 실재의 직접적인 모상을 산출할 것이라는 점을 우리가 이해하도록 허락한다. 그는 신적인 본을 사용하는 화가와 같을 것이다. (6권 500~501 참조)

테이트 교수의 논증은 이 '신적인 본'에 크게 의존한다. 이 말은 『국가』에서 두 구절(5권 472d와 6권 500e)에 언급되어 있다. 그리스어 'paradeigma'[본]는 본보기나 모델을 의미했다. 5권에서 소크라테스는 그의 이상 국가에 대한 '청사진'은 실제적인 관계로 이행될 수 없을 것이라는 반론에 부딪힌다. 바로 어떤 사람에 대한 그림이 현실의 어떤 모델에도 상응하지 않을 정도로 이상화될 수 있는 것처럼, 이상 국가에 대한 밑그림은 실현가능성과 관계없이 정형화될 수 있다. 두번째 구절에서, 진정한 철학자는, 어떠한 현실의 정치체제도 그 기준들에 부합하지 않는다는 사실에 개의치 않고, 자신의 행위를 그러한 이상적인 밑그림(paradeigma)에 관계하여 조절할 것이라고 선언된다. 특히 두번째 구절에서, 본은 신적인 이데아와 동일시되는 듯하다. 그리고 첫번째 구절에 대한 분명한 언급이 있듯이, 여기에서 화가는, 마치 철학자가 시민의 신적인 이데아를 모방하는 것처럼, 사람의 신적인 이데아를 모방하는 사람으로 간주될 수 있는 것처럼 보일 것이다.

그러나 플라톤은 이데아론을 감각 현상들에 적용하는 것에 대해 주저했다. 그리고 테이트 교수가 내린 결론들은 전혀 널리 동의를 얻지 못했다. 쇼리는 로엡 시리즈에서 첫번째 구절에 대한 주석에서 다음과 같이 쓴다.[3]

플라톤은 여기에서 일상적인 견해의 관점에서 말하고 있다. 그리고 여기에서 그리고 501에서, 예술가가 이데아를 모방한다는——이는 10권 597e 이하에서 부정된다——그의 입장을 발견할 수 있다는 주장은 무비판적이다.

이 견해는 그리스인들이 보통 자연을 뛰어넘는 예술가의 능력을 그의 이상에 대한 통찰이 아니라 모델들의 선택적인 사용에 귀속시켰다는 점을 분명하게 보여 주는 언급들에 의해 지지된다. 그리고 키케로[로마의 웅변가, 정치가, 철학자, 기원전 106~43]와 플리니우스[로마의 작가, 자연철학자, 23~79]는 제욱시스[그리스의 화가, 기원전 5세기에 활동]가 유명한 헬레네 그림을 그리면서 다섯 명의 '모델'을 요구한 방식에 대한 이야기를 전한다. 그러한 절차를 통해 화가는, 자연이 그렇게 그것들을 결합하지 않았던 곳

---

3) P. Shorey, *Plato's Republic*, London 1930.

에서조차, 최상의 얼굴을 최상의 자태와 결합하고, 최상의 무릎을 최상의 발목과 결합할 수 있게 된다. 우리는 이러한 기법에서, 탈속적인 철학자의 태도, '신국'의 시민의 태도에 상응하는 어떠한 신비스런 태도도 발견할 수 없다. 그리고 플라톤의 회화 유비는 우연한 것일 뿐이다. 너무 강조되어서는 안 된다.

전반적으로, 플라톤이 『국가』에서 예술에 관해 논의한 것에 지적인 토대를 부여하려는 시도는 너무 많은 점을 해명해야 할 여지를 남긴다. 하지만 그것이 지닌 바로 비지성적인 측면은 현대 미학자에 의해 가끔 무시되는 일정한 문제들에 대해 플라톤이 자각한 결과이다. 정말로, 좋은 예술이 좋은 것에 대한 능력이라면, 나쁜 예술은 나쁜 것에 대한 능력이다. 그리고 예술은, 그것이 어느 사회에서 유행하는 정도만큼, 좋은 것은 조장하고 나쁜 것은 단념시키기 위해, 좋은 예술과 나쁜 예술을 구별하는 명령이 된다. 『향연』(175e)에서 우리는 그리스 극장이 3만 명 이상의 청중을 수용했다는 내용에 접한다. 이것이 과장일지 몰라도, 분명히 그리스극은 플라톤 당시 '대중 매체'로 기술될 만한 자격을 갖췄다. 많은 생각 있는 사람들이 오늘날 TV 프로그램의 영향에 대해 걱정하듯이, 플라톤은 극장의 공연들에 대해 걱정했다. 하지만 어떠한 검열 기준도 쉽게 발견되지 않는다. 어떤 사람에게 보약인 것이 다른 사람에게는 독약이다. 같은 작품도 한편으로는 원기를 북돋고 조장하지만, 다른 한편으로는 부패시키고 타락시키는 요소들을 포함할 수 있다. 하지만 그 둘은 종종 친밀하게 함께 연결되어 있어서 어떤 것도 삭제될 수 없다. 민주주의 국가들에서는 좋은 것을 우리 자신들로부터 박탈하기보다는 나쁜 것을 겪는 것이 낫다는 입장이다. 고대의 스파르타와 같은 전체주의적인 국가들은 반대의 입장을 취했다. 우리는 하나의 태도가 다른 태도보다 더 논리적인지 말할 수 없다. 어떤 종류의 검열은 불가피해 보이지만, 플라톤의 시대와 마찬가지로 우리 시대에도 어디에서 어떻게 선을 긋느냐는 문제는 남는다.

호메로스에게 노래 부르는 사포(Sappho sings for Homer, 1824년 作), C. N. R. Lafond(1774~1835)

4장_ 창작 과정

우리의 논의는 자연스럽게 플라톤의 가장 긴 대화편들인 『국가』와 『법률』로부터 그의 가장 짧은 대화편들 중 하나인 『이온』으로 향한다. 여기에서, 대립은 길이의 면에서뿐만 아니라 내용과 취급의 면에서도 다르다. 왜냐하면 긴 두 대화편은 창작에 관련된 법률을 제정하려는 시도에서 창작 능력에 대한 평가에만 관계하는 반면에, 『이온』은 그것이 발견하는 창작 과정을 평가함이 없이 이 과정에 대한 분석을 짧게 시도하기 때문이다. 우리는 정말로 소크라테스에 특징적인 비꼼에서 어느 정도의 경멸을 발견할지도 모른다. 그러나 그곳에는 다른 한편으로 소크라테스 자신이 서정적인 황홀의 상태에서 창작의 영감이 지닌 숭고한 성질들을 칭찬하는 구절들이 있다. 그리고 우리는 이 구절들이 진지한 것이라고 이해할 수밖에 없다. 『이온』이 다른 곳에서 플라톤이 보이는 창작에 대한 태도와 날카롭게 대조되는 또 다른 방식은 그것이 창작적인 것을 아름다운 것과 연결시키는 데에 놓여 있다. 우리가 이미 주목했듯이, 그러한 연결은 현대의 미학자에게는 자연스러운 것이지만, 창작을 도덕과 이성의 조건에서 평가하는 데 익숙한 플라톤에서는 예외적이다. 플라톤을 교양머리가 없다는 비난으로부터 구하기 위해 마음 졸이는 현대의 학자들은 안도하면서 위대한 철학자의 창작에 관한 견해가 실제로 우리의 것과 그다지 다르지 않다는 점을 증명하기 위해『이온』으로 눈길을 돌린다. 하지만 플라톤을 구할 필요는 없다. 그는『국가』에서 잘못 서술했던 경우를『법률』에서 꽤나 수정할 수 있었다. 그리고 그가 창작에 대해 보통 갖는 '일방적인 심취'의 태도는『이온』에서 말한 내용 중 어느 것과도 불일치하지 않는다. 이와 동시에,『이온』은 창작의 다른 측면을 다룬다. 그것은, 우리가 방금 말했듯이, 창작 과정과 창작에 있는 미에 관계한다. 이러한 사실들로 볼 때, 적어도 플라톤 생각에는 미가 창작이나 예술의 과정에 연결될 수 있었고, 반면에 그것의 기능은 도덕과 이성의 조건에서만 파악될 수 있었다고 추정해야 마땅하다. 이러한 견해는 미에서 예술의 전체이자 마지막을 발견한다고 공언하는 많은 현대 미학자들의 견해와 확연히 다르다.

하지만『이온』을 연구하면서, 현대의 독자는 다시 그 주제가 그것에 할당된 공간에 비해 너무 크다고 느낄 것이다. 플라톤은 미학적인 문제들의 막대한 중요성을——이 중요성이 요구하는 주목을 그 문제들에 결코 쏟지는 않지만——깨달은 것 같다. 더욱이, 소크라테스의 대화상대는 소피스트 히피아스처럼 형편없는 자질의 음송시인 이온이다. 자신도 인정하듯이, 이온은 히피아스와 달리 지성적인 자부심을 갖지 않고, 그 자신의 것에 대해 비지성적인 자부심을 갖는다. 이는 똑같이 어떤 논리적인 목적에 실망스러운 것이다. 그는 실제로 우리가 현대의 해석 예술가들에서 만날 법한 유형의 인물이다. 그는 자신의 한계들을 의식하고 그것들에 만족을 느끼기도 하며, 자기 예술을 자랑할 뿐, 다른 것에 대해서는 자랑하는 바가 거의 없다. 더욱이, 이온의 비논리성은 전염성이 있는 것처럼 보이고, 소크라테스는 『대 히피아스』에서와 달리 항상 공정하거나 합리적이지는 않다.

이온은 두 가지 의미에서 호메로스의 해석자이다. 첫째, 그는 음송시인—또는 시를 낭독하는 사람—이다. 그리고 둘째, 그는 식견 있는 비평가이다(530c). 그러나 그는 자신의 기술이 호메로스에만 관계할 뿐, 다른 작가들에는 관계하지 않는다고 주장한다. 소크라테스는 이 주장을 논의의 출발점으로 삼는다. 한 작가의 장점들을 올바로 판단할 수 있는 사람은 다른 작가들에 대해서도 같은 능력이 있어야 한다. 왜냐하면 판단은 표준과 기준을 함축하기 때문이다. 이는 회화, 조각, 여러 가지 악기 연주, 음송시인 자신의 기술을 포함한 모든 기술의 성과물에 대해 타당하다(533c). 소크라테스는 나아가 이온이 특별히 가진 능력을 분석한다. 그는 말한다.

내가 이전에 말했듯이, 호메로스에 대한 자네의 이해는 단순한 기술의 문제가 아니라, 자네를 고무하는 어떤 숭고한 힘에 달려 있네. 나는 자네를 에우리피데스가 자석이라 부르는 돌과 비교하겠네—이것은 흔히 헤라클레스의 돌이라 불린다네. 자네도 알다시피, 그것은 쇠로 된 반지를 끌어당기는 힘이 있네. 게다가, 자신이 지닌 힘과 비슷한 힘을 그 반지에 부여해서, 이것이 다른 반지를 끌어당길 수 있네. 그 결과, 종종 반지들이 줄지어 기다랗게 매달려 있게 되네. 이것들 모두에서 자력(磁力)이 원래의 돌로부터 획득되지만 말일세. 정확히 이와 같은 방식으로 인간들은 뮤즈 여신에게 영감을 받네. 그리고 영감을 받은 사람들에, 이와 유사하게 영감을 받은 사람들이 줄지어 매달려 있네. 모든 위대한 서사시 작가들은 어떤 기술 덕분에 자신들의 작품을 말하지 않고, 영감과 신적인 사로잡힘에 의해 그런다네. 자네는 그들을 제정신이 아닌 상태에 있을 때에만 춤을 추는 코뤼바스[퀴벨레 여신의 제관(祭官)]들과 비교할 수 있네. 바로 이와 같은 방식으로 서정 시인들은 사랑의 노래들을 만들 때 제정신이 아닌 상태에 있네. 그들은 박코스[디오뉘소스]적인 도취라도 되듯 조화와 리듬에 오르고, 홀리게 되고, 박코스 제관들처럼 완전히 제정신이 아닌 상태로 강물로부터 우유와 꿀을 끌어내네. 더욱이, 작가들 자신도 이러한 종류의 영적인 과정을 허용하네. 그들은 뮤즈 여신들의 정원과 작은 숲에 있는 꿀 흐르는 샘에서 선율을 채집한다고 우리에게 말하고, 꿀벌처럼 날개를 단 채로 선율을 우리에게 가져다주네. 정말, 그들은 진실을 말하네. 작가는 가벼운, 날개 달린, 성스러운 창조물이네. 그리고 그는 신성한 영감이 다가와 그의 정신을 빼앗을 때까지는 자기 일을 할 수 없네. 왜냐하면 이성 능력을 완전히 가지고 있는 상태에 있는 동안은 작품을 쓸 수도 없고 예언할 수도 없기 때문이네. 그러므로 작가가 작품을 만드는 것과 그가 자신의 주제들로 끌고 오는 유창함은 기술의 문제가 아니라 — 호메로스에 대한 자네 자신의 이해가 예시하듯이 — 신적인 부여[천부]의 일례이네. 이렇듯 각 작가는 뮤즈 여신이 그를 독려한 종류의 작품에만 — 이것이 디튀람보스든 찬가든 무도가든 서사시든 이암보스든 — 성공적일 수 있네. 자신이 속한 종류가 아닌 분야에서 그는 실패할 걸세. 그리고 신적인 힘을 통해서 그래야지, 기술을 통해서 그래서는 안 되네. 왜냐하면 그것이 기술의 문제라면, 한 종류에서의 성공은 다른 종류에서의 성공을 일으킬 것이기 때문이네. 바로 이런 이유로 신들은 신성한 점쟁이들이나 예언가들에게 하듯이, 똑같이 그러한 사람으로부터 정신을 빼앗네. 그들은 자신들의 귀중한 발언들의 근원이 그 사람 자신이 아니라 그 사람을 통해 우리에게 말하는 신이라는 점을 우리가 이해하길 원하네. 이는 칼키스 출신의 튀니코스[그리스 시인, 기원전 6세기]의 사례에서 입증되었네. 이 사람은 모든 사람이 부르는 그 유명한 아폴론 찬가 말고는 이렇다 할 시를 쓰지 않았네. 서정시 창작에서 그것에 필적할 만한 것은 거의 없네. 그것은 정말, 그 자신이 말하듯, '뮤즈 여신들의 발명품'이었네. 신들은 이 경우에서 우리에게 무엇보다, 창작은 그 본성에서도 그 근원에서도 인간적이지 않고 두 가지 면에서 신적이고, 작가들은 어떤 신들이 그들을 사로잡든 그 신들의 대변인이라는 점을 우리에게 증명할 작정이었다고 나는 보네. 이러한 진실을 증명하기 위해 신은 신중하게 가장 사랑스러운 서정시를 가장 형편없는 시인의 입에 올리는 쪽을 선택했네. (『이온』 533d~535a)

이온은 시인을 이렇게 생각하는 데에 기꺼이 동의한다. 나아가 마치 작가들이 신들에게 영감을 받은 해석자들이듯이, 음송시인들은 작가들에게 영감을 받은 해석자들이라는 소크라테스의 주장을 인정한다. 그리고 작가처럼, 음송시인은 온전한 정신의 상태에 있다고 간주될 수 없다. 소크라테스는 이어 말한다.

자네는 관중은 자기(磁氣)를 띤 반지들의 줄에서 마지막으로 연결된 것이라는 점을 알겠는가? 자네, 즉 음송시인과 연기자는 중간 고리를 나타내고, 맨 처음 고리는 물론 작가이네. 그래서 신은 인간의 혼들을 마음대로 흔들고, 자신의 힘에 의해 그것들을 서로 연결하네. 자석의 유비에서 비추었듯이, 긴 줄의 무희들, 합창단 지도자들, 조수 지도자들은 원래 뮤즈 여신에 매달린 그 고리에 자신들을 연결하네. 정말로, 작가들은 각기 다른 뮤즈 여신들에 매달려 있고, 우리는 이런 매달림을 '사로잡힘'이라 부르네. 둘은 같은 것이네. 왜냐하면 그렇게 '사로잡힌' 사람들은 확실히 뮤즈 여신에 의해 '붙들리기' 때문이네. 이와 같은 방식으로, 맨 처음의 고리들을 이루는 작가들은, 예를 들어 오르페우스와 무사이오스는 영감을 받은 다양한 종속자들을 지원하네. 대다수는 호메로스에 의해 사로잡히고 붙들리지만 말이네. 이온 자네도 호메로스에 의해 사로잡혀 있네. 그리고 누군가가 다른 작가의 작품을 읊을 때면, 자네는 잠들고 아무 말이 없네. 다른 한편으로, 호메로스의 음악이 울리면, 즉시 깨어나, 자네의 혼은 자네 안에서 춤을 추고 자네의 혀는 풀리네. 자네의 능력은 기술도 앎도 아니고, 신적인 부여, 사로잡힘이네. 이와 마찬가지로 코뤼바스들은 자신들을 사로잡는 특정 신의 강렬한 선율만을 알아차리고, 그의 노래에 영향을 받아 몸짓과 말을 아낌없이 주게 되네. 다른 신들의 음악은 그들에게 아무런 의미도 없네. 이처럼, 이온 자네도 호메로스라는 말만 들으면 동요되고, 다른 시인들에는 반응을 보이지 않네. 이 한 시인에 대한 자네의 눈부신 이해는 기술의 결과가 아니라 신적인 부여의 결과이네. (『이온』 535e~536d)

이러한 영감(靈感) 이론은 물론 『파이드로스』의 언급을 다듬은 것이다. 그곳에서 소크라테스는 '사랑의 광기'에 대한 찬사를 시작하면서 그

광기를 예언, 종교적인 열광, 창작의 영감에 비유한다. 작가의 능력에 대해 그는 다음과 같이 언급한다.

세번째 종류의 사로잡힘과 광기는 뮤즈 여신들로부터 오네. 그것은 여린 미묘한 혼을 붙잡아 도취 상태에 빠뜨려 노래들 및 여타 형태의 작품을 짓게 만드네. 이로써 옛 세대들의 행위들이 후손들의 교화를 위해 찬양되네. 그러나 뮤즈 여신들의 광기를 접하지 않은 채, 기술만으로도 작가가 될 수 있으리라고 기대하며 이들의 문을 두드리는 사람은 아무것도 이뤄 내지 못할 것이네. 분별 있는 사람의 작품은 광기 있는 사람의 작품 앞에서 무의미한 것으로 빛이 바래네. (『파이드로스』 245a)

『파이드로스』(265a)에서, 소크라테스는 영감이자 신적인 호의인 쪽의 광기 유형과 병적인 고뇌인 쪽의 광기 유형에 대한 날카로운 구별을 인정한다. 이런 구별은 『이온』에서 그렇게 선명하게 보존되지는 않는다. 소크라테스는 반어적으로 묻는다.

제물을 바치거나 축제를 열 때, 자신의 화려한 치장을 조금도 잃지 않고, 아무도 그를 약탈하거나 그에게 해를 입히지 않는 2만 명의 우호적인 사람들 가운데 있는 것 이상으로 두려울 게 없지만, 수놓은 옷을 걸치고 금관을 쓰고 울부짖으며 서 있는 사람을 완전히 제정신의 상태에 있다고 말할 수 있는가? (535d)

득의양양한 상태의 음송시인에 대한 이러한 화려한 묘사에서 우리는 경멸의 어조를 놓치지 않는다. 하지만 이온은 작품 낭독에서 광기의 요소를 기꺼이 인정하려 든다. 정말로, 그것은 어떤 측면들에서 그가 해석하는 작가의 수준에 그를 놓는다. 그러나 그는 여전히 호메로스에 대한 자신의 결정적인 이해들——그의 직업이 지닌 다른 그 측면——이 광기에 의거하고 있다는 점을 인정하길 확고부동하게 거부한다. 소크라테스는 이제 『국가』에서 호메로스를 다룬 것을 연상시키는 기능적인 용어들로 그와 함께 논의하기 시작한다. 음송시인이 가진 능력은 호메로스 전체에 뻗치는가, 아니면 일정한 부분들에만 뻗치는가? 라는 물음이 제기된다. 이온은 호메로스 전체가 그의 영역이라고 주장한다. 그리고 소크라테스는 그가 특정의 호메로스 구절들을 인용하도록 유도한다. 그것들은 각각 전차몰기, 약, 낚시, 예언에 관련되어 있는 한에서, 명백하게 기술들을 함축한다. 이온은 그가 이러한 일들에 대해 지식을 갖고 있지 않고, 따라서 문제가 되는 구절들의 정확성에 대해 기술자처럼 좋은 판단을 내릴 수 없을 것이라고 인정한다. 소크라테스가 그의 지식이 호메로스의 어떤 측면에 관계하는지를 말할 것을 강요하자, 그는 남자와 여자, 노예와 자유인, 지배자와 신민에 마땅히 귀속될 법한 언어를 안다고 공언한다(540b). 이것은 합당한 대답이다. 그는 직업들과 구별되는, 직업적인 유형들에 대한 지식을 정말로 주장할 수 있었을 것이다. 그러나 그는 그로부터 관심이 멀어져 있었기 때문에, 그는 사회적인 유형들로 도피한다. 소크라테스는 공정하지 못하다. 왜냐하면 그는 배의 선장이기도 한 '남자'를, 소치기이기도 한 '노예'를 예로 들면서 직업적인, 기술적인 기준을 고집하기 때문이다(540b, c). 결국, 이온은 소크라테스가 비꼬면서 제시한 생각——그가 군대의 지휘관에 고유한 앎을 소유한다는 생각——을 열렬히 받아들인다. 분명히, 그러한 관념은 그 자신이 가진 품위 의식과 양립할 수 있다. 그러나 그러한 귀류법(reductio ad absurdum)은 처음에 보이는 것처럼 불합리하지 않다. 크세노폰은 소크라테스에 관한 일화들에서 이 철학자 자신이 강한 의지와 성격을 볼 줄 아는 눈이 지휘관이 지닐 가장 중요한 성질들이고, 그것들이 실제로 그렇듯이 전쟁에서든 평화 시에든 좋은 조직자를 산출한다고 주장하는 것으로 보고한다(『회상』 3.4). 이온은 또한 성격을 보는 눈을 갖추고 있고, 그가 자신의 활동 영역 내에서 좋아하는 것을, 예를 들어 자신이 호메로스를 분명히 선호한다는 점을 안다고 주장한다. 크세노폰의 소크라테스가 훌륭한 합창단 지도자는 아마도 훌륭한 지휘관을 만들어 낼 것이라고 실제로 상술한다는 점을 주목해야 적절하다. 같은 조직 능력이 음송시인과 같은 솔로 연기자에서 그다지 중요하지 않았더라도, 이온은 어쨌든 그가 연기하는 과정에서 거대한 군중들을 지배하도록 요구받았다. 우리가 이전에 언급할 기회를 발견했듯이, 창작과 예술의 주요 부분은 작가나 예술가의 의지와 관련되어 있다. 그리고 이것은 스스로를 (지휘에서처럼) 행위로서 느껴지도록 만들지 않고, 의사소통으로서 느껴지도록 만든다. 군사적인 능력에 대한 이온의 주장은 그가 또한 자신의 인간적인 환경에 강력하게 자기 자신을 각인시키도록 요구받았다는 의미에 근거한 것이었을지도 모른다.

『이온』의 두번째 부분에서 창작이라는 주제에 대한 플라톤의 특징적인 접근법 ── 기능적인 공리주의적인 접근법 ── 을 보기란 쉽다. 그러나 플라톤이 영감 개념을 전개하는 첫번째 부분은 보통의 플라톤주의적 관점에서는 거의 이론(異論)을 형성할 정도로 비전형적인 부분으로 보일 수 있다. 그러나 차이는 의견의 차이라기보다는 접근법의 차이이다. 현대의 어느 네덜란드 학자는[1] 『이온』의 교설과 『법률』(4권 719c)에 나오는 플라톤의 다음 진술 간에 겉으로 보이는 불일치에 주목했다.

어떤 작가가 뮤즈 여신들의 세 다리 의자에 앉아 있을 때면, 그는 제정신인 상태에 있지 않다. 그는 물이 자유롭게 위쪽으로 치솟게 만드는 샘과 비슷하다. 그리고 그의 예술은 모방에 있으므로, 그는 모순되는 분위기의 성격들을 만들 때 모순된 말을 하도록 강요되고, 그는 이러한 진술들 중 어떤 것이 참인지를 알지 못한다.

그는 다음과 같은 해설을 제공한다.

하지만, 만일 뮤즈 여신 자신이 그의 입을 빌려 말한다면, 작가가 모순에 말려든다는 것은 이상하게 보인다. 뮤즈 여신 쪽에 악의적인 의도가 있다고 가정할 여지가 없다. 왜냐하면 플라톤은 명시적으로 우리에게 "모든 관점에서 신적인 것과 신성은 허위로부터 벗어나 있고, 신은 행동과 말에서 전적으로 단순하고 진실하고, 자신을 변화시키지도 않고, 환영이나 말이라든가 꿈이나 생시에서 보내는 징조에 의해 남들을 속이지도 않는다"는 점을 보장하기 때문이다(『국가』 2권 382e). 우리는 예술가 자신이 뮤즈 여신의 영감을 혼동한다는 비난을 받아야 한다고 결론을 내릴 수밖에 없다. 이것은 사로잡힌 그의 상태가 절대적이지 않다는 것을 뜻한다. 뮤즈 여신은 그의 혀를 완전하게 조종하지는 못한다.

---

1) W. J. Verdenius, *Mimesis*, Leiden 1949, 4쪽.

그리고 그는 인간적인 성격을 완전하게 잃지는 못한다. 플라톤은 작가의 의존성을 강조하면서도, 확실히 그가 뮤즈 여신의 입에 물린 나팔을 의미할 뿐이라고 의도하지는 않았다. 결국, 그는 작가를 그녀의 해석자라 부른다(『이온』 534e). 신적인 영감은 작가의 해석을 통하지 않고서는 인간 세계에 도달할 수 없다. 따라서 작품의 기원은 인간의 통제를 넘어서 놓여 있지만, 작품은 신의 메시지를 기계적으로 재생산하지는 않는다. 그것은 인간의 활동뿐만 아니라 신의 활동이 개입된 접촉의 산물이다. 해석, 즉 예술적인 창조 과정의 인간적인 측면에는 쉽게 오해가 따른다. 작가는 뮤즈 여신보다 덜 유능한 '생산자'이다(『법률』 2권 669c). 그래서 예술 작품이 모순된 점들을 보인다면, 그것은 인간이 허약한 탓으로 여겨야 할 불완전한 면모이다.

그러나 신적인 메시지는 그것을 해석하는 시인의 인간적인 허약함에 의해서만 혼란에 빠진다는 이러한 설명은 여전히 플라톤이 보았던 창작적인 영감의 현상을 설명하지 못한다. 만일 작가의 허약함 때문에 혼란이 일어났다면, 작가가 허약할수록 그가 전달했던 메시지는 더욱더 혼란에 빠질 것이다. 그러나 분명히 그렇지 않다. 왜냐하면 플라톤은 우리에게 『이온』(534e)에서 신들이 때로는 가장 사랑스런 작품들의 전달자로서 가장 허약한 작가를 선택한다고 말했기 때문이다. 따라서 그는 영감이 인간의 능력과는 독립적이고 인간의 무능력을 초월할 수 있다는 견해를 표명한다. 전적으로 현명한 자비로운 신성 개념과 혼란과 기만을 산출하는 신적인 영감 개념 간의 모순은 없어지지 않는다.

확실히, 외관상의 그런 모순에 대한 보다 만족스러운 설명은 『향연』

과 『파이드로스』에서 얻을 수 있다. 플라톤은 신과 인간은 실제로 교제할 수 없고, 그들 간의 의사소통은 '신령들'(daemons)의 작용에 의해 수행된다고 우리에게 말한다. 사랑이 그러한 '신령'이고(『향연』 202e), 『파이드로스』에서 사랑과 유사하게 '광기'로 기술된 창작의 영감도 신령이라고 결론을 내려야 논리적이다. 그렇다면, 우리는 철학적인 사랑의 영감보다 더 낮은 단계의 영감인(『파이드로스』 249d) 창작의 영감이 신령들의 영역을 통과하며 전달되는 과정 중에 상당한 혼란과 왜곡을 겪는다고 놀라서는 안 된다. 뮤즈 여신을 신령으로 간주하는 것이 신학적으로 타당한지의 문제가 우리를 크게 괴롭힐 필요는 없다. 그리고 그녀의 충분한 신성이 나무랄 데 없다면, 『향연』의 교설에 따른다면, 그녀의 메시지를 운반할 신령을 요구할 것이다. 하지만, 만일 플라톤이 그가 『이온』을 썼을 때 신령들에 관한 이론을 전개했었다면, 그것의 명시적인 전개는 얼마간 어려움을 낳았을지도 모른다. 왜냐하면 창작적인 사로잡힘을 나타내는 단어는 '신령에 사로잡힘'이 아니라 '신들림'(enthousiasmos, 신에 사로잡힘)이었기 때문이다. 어원은 한 번 그의 편이 아니다.

『이온』에서 우리가 기능적인 표준들에 대한 호소와 나란히 자리 잡은 영감 이론을 발견한다는 바로 이 사실은 플라톤이 창작 과정에 대한 자신의 기술이 합리적인, 도덕적인, 공리주의적인 기준들의 적용과 불일치한다고 느끼지 않았다는 점을 암시한다. 『이온』에서뿐만 아니라 『파이드로스』와 『법률』에서도 플라톤은 창작 과정을 일종의 최면상태로 여긴다는 점은 아주 분명해진다. 그리고 이렇다면 그것은 어느 정도 맹목적인 힘이었다. 최면상태 자체는 도덕적으로나 이성적으로 부정적이다. 그것은 우리의 능력들을 잠재울 뿐이다. 주체 자신의 저항력들을 가라앉히면서 그것은 그를 온갖 종류의 연상에 내맡긴다. 연상들은 물론 좋을 수도 있고 나쁠 수도 있다. 『국가』에서 플라톤은 그러한 최면상태에 속한 위험들을 힘껏 살핀다. 그리고 그는 '음악적인 채색', 즉 운율, 리듬, 선법의 장치들이 일단 제거된, 내용물이 빈 작품에 대해 말한다(10권 601b). 그는 그러한 작품을 '일종의 주문(呪文)'이라고 일컫지만, 나중에 그런 주문의 즐거움을 인정한다(607d). 마지막으로, 만일 작품이 어떠한 도덕적인 또는 이성적인 토대 위에서도 정당화될 수 없다면, 청자(聽者)는 그것이 최면으로 주어질 때 그것이 지닌 힘의 위험을 증명하는 이성적인 논증을 마음속으로 시연함으로써 정신을 바짝 차리고 깨어 있어야 한다(608a). 다른 한편으로, 우리는 플라톤이 창작을 신적인, 유익한 '광기'로 간주했다는 점을 증명하기 위해 이미 『파이드로스』의 구절을 인용했다. 여기에서 창작의 영감을 최면상태로 파악한 부분은 아주 선명하게 등장한다. 왜냐하면 그것을 신탁의 예언력에 비유하면서 플라톤은 명백히 고대 그리스의 최면 현상을 언급하기 때문이다. 델포이의 여사제가 최면으로 유도된 실신의 상태에서 예언들을 말했다는 점은 의심의 여지가 있을 수 없다.[2] 『이온』으로부터 인용한 구절도 물론 같은 비유를 사용한다. 또한 『이온』에 언급된 코뤼바스 무희들도 고대의 최면 관행에 대한 또 다른 사례이다. 코뤼바스들은 소아시아의 여신 퀴벨레를 모시는 제관(祭官)들이었다. 그들은 일정 형태의 음악과 춤을 사용함으로써 이슬람교·탁발승들의 방식으로 점차 광란의 상태로 자신들을 빠뜨렸다. 그들은 광란의 상태에서 고통에 둔감했고, 야만스런 난행과 자해 행위들을 실행했다. 그럼

---

2) R. W. Parke & D. E. W. Wormell, *The Delphic Oracle*, Oxford 1956을 보라.

에도, 『법률』(7권 791)에서 플라톤은 그들의 의식(儀式)을 추종했던 사람들은 그들의 음악과 춤에 의해 유발된 최면상태 덕분에 종종 병적인 흥분 상태의 고통을 덜었다고 우리에게 전한다. 험프리 하우스(Humphrey House)는 아리스토텔레스의 『창작술』(시학)에 대한 주석에서, '영감' (inspiration)이란 말이 상당히 많은 "문제들을 해결된 것처럼 요구한다"고 말한다. 플라톤은 그것과 관련하여 같은 것을 많이 느꼈다. 그 말이 해결된 것처럼 요구하는 문제들은 모두 이성적이고 도덕적인 문제들——지도의 문제들——이지만, 그 힘의 문제는 없다.

플라톤이 창작과 예술에 사실상 도덕적이고도 이성적인 기준들을 적용한 것은 옳았는가? 확실히, 우리는 호메로스가 의학이라든가 전차 몰기에 대한 지식을 결한다며, 또는 심지어는 무오류의 신학자가 아니라며 그를 진정으로 비난할 수 없다. 하지만 어떤 식으로든 딜레마에서 빠져나와야 한다. 그리고 적어도 그 물음에 대한 부분적인 대답은 플라톤 자신이 『향연』(209d)에서 주는 대답인 것처럼 보일 것이다. 그곳에서 그는 창작을 승화된 사랑의 산물 중 하나로 든다. 그리고 작가 호메로스와 헤시오도스를 입법자 뤼쿠르고스와 솔론과 더불어 인류보다 '더 아름답고 불멸인' 자손의 조상들로 분류한다. 숭고한 것으로 오르는 길에서 철학자-사랑하는 자가 걷는 연속적인 단계들은 때로는 참(眞)의 면에서 때로는 좋음(善)의 면에서 진보를 나타낸다. 그래서 사랑하는 사람은 자신의 열정을 하나의 특정한 애인에서 인격적인 아름다움 전반으로 확장하면서 참의 면에서 진보하고 있다. 왜냐하면 그는 주관적인 충동을 객관화하고 있고, 객관적인 것은 보편적인 것, 영속적인 것, 실재적인 것이기 때문이다. 창작도 이러한 종류의 진보를 나타낸다. 이온이 호메로스에 전념

하는 것은 사랑하는 사람의 열정이 지닌 변덕을 죄다 지닌다. 그러나 청중을 그 자신의 신들림 쪽으로 개심시킴으로써 그는 자신의 개인적인 감정들에 보다 넓은 실재성을 부여한다. 진리는 소통과 밀접하게 연결되어 있다. 주관적인 인상들은, 플라톤이 잘 깨닫고 있었듯이, 저급의 진리를 나타낸다. 이것은 대화편들에서 종종 'doxa'[의견]나 외관으로 언급되는 절반의 진리이다. 진리는 본질적으로 소통될 수 있는 것이다. 그리고 자신의 애정들이 향한 대상에서, 상응하거나 보답하는 사랑을 일으키는 일은——『파이드로스』에서 강조되듯이 —— 사랑하는 사람이 제일 먼저 해야 할 일 중 하나이다. 사랑의 영감은 그렇게 다양한 방식으로, 때로는 개인적인 사랑의 대상에, 때로는 제삼자에게 전달된다. 창작의 영감도 아주 동일한 방식으로 작동하는 것처럼 보일 것이다. 두 경우에서 각기 참의 면에서 성취가 이루어지기 때문이다.

이와 동시에, 『향연』에 기술된 정신적인 상승도 좋음의 면에서 이루어진다——좋음은 유용성, 도덕성, 숭고성 아래에 파악된다. 입법이 '좋다'는 점, 그것이 도덕적이거나 유용하다는 점, 그리고 솔론이나 뤼쿠르고스와 같은 위대한 입법자의 작품은, 그것이 후속하는 세대들에게 영감인 한에서, 숭고한 것을 향한 진보를 나타낸다는 점을 보기란 쉽다. 그러나 창작은 어떤가? 창작은 좋음의 면에서 어떤가? 창작이 도덕적이거나 유용한 어떤 내용을 담고 있다고 증명될 수 없다면, 그것이 개인적인 변덕에 베푸는 모든 진리와 객관성에도 불구하고 그것은 사회적인 성취물들보다 열등한 것으로 남을 수밖에 없다. 이것이 플라톤이 가진 딜레마의 핵심이다. 그리고 이런 딜레마에 대한 의식 때문에 그는 『법률』에서 입법자와 통치자를 작가의 적수들로 보았다. 국가도 예술과 영감의 작품일 수 있다. 게다가 국가는 유용성이나 도덕성의 면에서 중요하다. 그러한 논증이 지닌 힘은 결코 부정될 수 없다. 얼마간의 도덕적이거나 기능적인 개념 없이는 '영감'은 정말로 문제를 해결된 것처럼 요구하는 용어이다. 만일 영감이 무엇인가를 의미한다면, 그것은 어떤 식으로 호의적이거나 유익한 심리적인 강제를 의미한다. 이러한 '좋은' 방향성이 없다면, 강제는 더는 영감이 아니다. 그리고 그것을 '강박'이라고 기술하는 것이 더 적절할 것이다. 플라톤이 창작과 사랑을 신적인 광기의 형태들로 분류했다는 점을 다시 상기하면서, 그가 창작에 대해 취한 태도를 그가 사랑에 대해 취한 태도의 면에서 설명해 보도록 하자. 우리는 『파이드로스』에서 사랑이 지닌 위험들을 의식하게 되었다. 혼은 동시에 두 방향으로 끌린다. 그리고 진정한 철학자의 결심만이 숭고한 것을 향해 꾸준한 진행을 유지할 수 있다. 창작에 대한 법률을 정하려는 플라톤의 시도로부터 그가 이런 형태의 영감을 또한 많은 위험들과 함정들에 에워싸인 것으로 여겼다는 점은 분명하다.

하지만 플라톤이 창작을 그저 병적일 뿐인 광기의 종류로 분류하지 않고, 그것을 철학과 더불어 신적인 광기로 분류했다는 사실은 남는다. 그리고 이것은 그가 그것에서 잠재적인 영감을, 참과 좋음의 근원을 보았다는 것만을 의미할 수 있다. 정말로, 대화편들에서 플라톤은, 자신이 그렇게 했다는 것을 완전히 자각하지 못한 채, 그 자신의 영원한 문제들에 대한 해결에 부딪히는 것처럼 가끔 보인다. 그래서 우리가 창작이 꿈속이나 그림자들에서 산출할 뿐인 것을 실제적으로 산출하는 입법자에 의해 작가가 불필요한 사람이 되느냐고 묻는다면, 대답은 교육적인 가능성들이 탐구되는 『국가』의 2권과 3권에서 발견되는 것처럼 보일 것이다.

기존의 창작에 대한 많은 비난에도 불구하고, 올바른 생각들은 아이들의 마음속에 창작적인 허구를 통해 가장 잘 새겨질 수 있다고 서술된다(2권 377a). 여기에서 조금만 더 나아가면 우리는, 대부분의 사람들이 마음속은 어린이들이고, 결과가 어떻게 되든 그들이 플라톤 자신의 상상을 부추겼던 것과 같은 유토피아적인 정치 체계들을 통해서보다는 허구와 창작의 작품들을 통해서 훨씬 더 영감을 수용할 수 있었다는 점을 깨닫게 된다. 틀림없이, 플라톤은 자신 앞에 스파르타의 사례를 두고 있었다. 이 도시국가의 법률들과 조직은, 예술이나 문학의 가치를 용인함으로써 조장되었을 법한 경쟁적인 영감을 묵인하지 않음으로써, 모든 자국민들에게 영감을 주는 것으로서 많은 세대를 거쳐 살아남았다. 스파르타 인들의 정치적인 합심은 전례 없는 것이었고, 현대의 전체주의에서조차도 아마도 여전히 필적할 만한 것이 없을 것이다. 하지만 플라톤은 스파르타에 의해 깊은 감동을 받았지만, 결코 뤼쿠르고스 체제를 무비판적으로 수용하지는 않았다. 그는 아테네의 자유 체제에서 옥석을 가릴 줄 알았다. 그리고 『법률』에서 토론을 주도하고, 솜씨 좋게 스파르타와 크레타 인들의 편견을 비판하고 그 대화편이 담고 있는 모든 건설적인 착상에 대한 책임을 떠맡은 사람들은 아테네 시민들이었다. 플라톤이 보기에, 스파르타는 국가가 시민들의 상상력을 지배하는 힘을 독점했음에도 결코 완전한 정체(政體)가 아니었다. 다시 말해, 그곳에서 영감의 문제는, 창작과 관련된 영감의 문제가 해결된 것처럼 요구되듯, 해결된 것처럼 요구된다. 전체주의적인 정부에 의해 사람들의 마음에 미친 최면술적인 힘이 필연적으로 영감인가? 그것은 강박일 뿐이지 않을까? 『향연』(210c)에서 플라톤이 '활동들과 법률들'에 대해 이것들이 영감의 경우인 것처럼 말할 때, 그는 아마도 각각 호메로스와 헤시오도스, 그리고 뤼쿠르고스와 솔론의 정신적인 자손인 것으로 이미 언급된 창작과 입법을 다시 언급하고 있었을 것이다. 『이온』과 우리가 언급한 여타 대화편들로부터 분명하듯이, 플라톤은 창작에 의해 발휘된 최면술적인 힘이 정치 조직들이 부릴 수 있는 힘보다 훨씬 더 크다는 점을 깨달았다. 정치 조직은 도덕적이고도 기능적인 통로들을 따라 만들고, 통제하고, 지도하기가 더 쉬웠다. 이러한 생각이 플라톤의 많은 저술을 주도하지만, 그럼에도 그가 정치적인 '예술 작품'[법률]이 결함이 없는 것으로 여기지 않았고, 창작을 좋음과 참을 위한 잠재적인 영향력으로 간주했다는 점을 기억하는 것이 중요하다.

영감과 최면술적인 힘 사이에 존재하는 관계는 이제 아주 분명하다. 더욱이, 영감은 거의 아름다움(美)의 동의어인 것으로 보일 것이다. 아름다움은 영감처럼 문제를 해결된 것처럼 요구하는 용어이다. 우리는 그것을 참(眞)과 좋음(善)으로부터 구별한다. 그래서 그것은 본질적으로 이성이나 도덕과 무관한 것이고 모든 기능으로부터 분리되어 있다. 하지만 그것은 참과 좋음과 어느 정도 혼합되어 있는 한에서만 추함으로부터 구별될 수 있다. 이 문제는 사실 논리적인 문제이다. 우리는 아름다운 것을 추한 것에 대립된 것으로도 생각할 수 있고, 도덕적이거나 이성적인 가치들에 대치된 것으로도 생각할 수 있다. 이는 열이 냉에 반대되는 것으로도 생각될 수 있고, 빛으로부터 구별되는 현상으로도 생각될 수 있는 것과 마찬가지다. 어떠한 행동이나 지각도, 영감을 주는 미에 의해 움직이지 않는 한, 가치를 지니지 못한다. 그래서 아가톤은 『향연』에서 모든 기술들과 솜씨들이 열정(eros)의 산물이라고 말한다. 『이온』에서 우리는 작가와 그를 해석하는 예술가들이, 자신들의 영감을 이성적인, 도덕적인, 기능적인 표현으로 전환하지 않고, 단지 그것을 확대된 형태로 전달한다는 점에서, 다른 기술들과 솜씨들의 대표자들과 다르다는 점을 본다. 작가는 사실, 영감을 주는 '신령'의 목소리를 (교정하지 않고) 확대하는 밸브로 여겨질 수 있을 것이다. 하지만 어떤 도덕적인, 이성적인 또는 기능적인 성질이 또한 전달되어야 한다. 그렇지 않으면 영감은 더는 영감이지 않고 강박일 뿐이다. 그래도 이러한 주장들은 잠재적이다. 왜냐하면 그것들은 포착하기 힘들고, 분석을 허용하지 않기 때문이다. 그리고 대중들에게 진짜 영감인 척하는 강박과 도착이 비밀리에 주입될 수 있을 거라는 위험을 플라톤은 아주 잘 의식했다. 그런 위험은 항상 현존한다. 하지만 그것과 어떻게 싸울 것이냐는 문제는 풀기가 쉽지 않다. 도대체 누가 완전한 비평가인가? 플라톤은 작가가 좋은 비평가인 경우는 드물다는 점을 분명하게 보았다. 그리고 『변론』에서 소크라테스가 언급하듯이, 길거리의 사람은 가끔 어떤 작품에 대해 그것을 창작한 작가보다 더 나은 이해를 보여준다. 해석 예술가인 이온은 한 작품의 도덕적인, 지적인 내용에 대한 비평가로서 실패할 뿐만이 아니다. 그는 그것이 주는 영감에 대한 판단자도 아니다. 왜냐하면 그는 호메로스가 아닌 다른 작가의 작품이 음송될 때면 잠들기 때문이다(532c). 창작의 영감이 지닌 역동적인 힘은 작가의 주관성으로부터 솟는다. 그리고 바로 이 주관성이 작가를 나쁜 안내인으로 만든다. 문학사에서 작가들은 빈번히 비평가들을 북돋아 왔지만, 균형 잡힌 보편적인 감식력을 갖춘 비평가는 드물게 북돋아 왔다.

헥토르를 죽이는 아킬레우스(Achilles defeating Hector, 1630~32년 作), P. P. Rubens(1774~1835)

5장_ 예술과 미에 대한 아리스토텔레스의 견해

그리스 미론과 미학에 관한 설명을 제공하려는 시도는, 우리가 보았듯이, 체계화를 수반할 수밖에 없다. 어떤 철학의 분과든 그것에 대한 플라톤의 견해들은 우리가 그것들을 쉽게 연구하거나 이해하기 전에 체계로 옮겨져야 한다. 그는 대화편 형식으로 글을 썼고, 드라마적인 배경으로부터 그의 사상을 뽑아내는 문제는 이를테면 에우리피데스[그리스 비극작가, 기원전 5세기]나 버나드 쇼의 '철학'을 평가하는 문제와 크게 다르지 않다. 아리스토텔레스의 경우는 다르다. 체계와 분류가 그의 철학적 공헌의 핵심이기 때문이다. 하지만 우리가 예술과 (아마도) 미에 관한 체계적이고도 철저한 논의를 발견하길 기대할 법한 작품인 그의 『창작술』(시학)은 불행하게도 훼손된 불완전한 상태로 우리에게 이르렀다. 이 작품 자체가 제시하는 내용이 심원하고 그것의 구별이 예리하여 매우 귀중하지만, 그것은 그 주제와 관련된 모든 사항들을 아리스토텔레스의 다른 논문들로부터 수집함으로써 보충되어야 할 단편(斷篇)의 형태로 남아 있다. 여기에서 또한 주석가는 체계화할 준비가 되어 있어야 한다. 그의 과제는 틀림없이 원래 완전한 유기체를 구성했던 조각들을 재구성하는 것일 테다. 반면에 플라톤에서 그는 이전에 결코 모이지 않았던 구성요소들을 가지고 건축해야 한다. 하지만 체계화하면서 그는 해석을 할 수밖에 없다. 그리고 해석자로서 그는 원성을 살 수 있다. 아리스토텔레스를 해석하는 미학자들이 다수라는 점과 이들이 키운 혼란 때문에 이 분야에서 해석은 악명을 얻었다. 루터처럼 조급한 연구자는 중재는 오직 그와 빛 사이에 있고, 모든 형태의 해석들이 일소된다면 아리스토텔레스를 더 잘 이해할 것이라고 느끼기 쉽다. 하지만 그러한 견해는 공감할 만하면서도, 허용될 수 없다. 그리스의 창작 이론에 대한 주석가는 재구성을 시도하지 않는다면 아무것도 하지 못한다.

우리는 또한 이 지점에서 독자에게 우리의 일반적인 목적을 기억시켜야 한다. 그것은 플라톤과 아리스토텔레스로부터 현대의 미학 체계들에 대안으로서 제공될 수 있는 미와 예술에 관한 이론을 재발견하는 것이다. 대부분의 현대적인 체계들에 대해 우리가 반대하는 점은 그것들이 너무나도 쉽게 미의 영역과 예술의 영역을 같다고 생각한다는 것이다. 이는 딜레마를 산출한다. 예술적인 미가 자연적인 미보다 우등하거나 아니면 그것은 열등한 2위의 것이다. 앞의 선택지는 변덕스런 형이상학적 체계들을 낳고, 뒤의 선택지는 예술을 존재 이유(raison d'être)가 없는 것으로 남긴다. 우리가 이미 플라톤의 대화편들에 대한 연구로부터 도출한 체계는 이런 덫에 빠지지 않는다. 예술과 창작은 아름다움(美)이 참(眞)과 좋음(善)에 관계하는 것과 같은 방식으로 현실에 관계하지 않는다. 재현 예술들은 단지 다른 방식으로 세 가지 기본 가치들에 관련되어 있을 뿐이다. 예술에서의 아름다움의 결과는 삶에서의 아름다움의 결과와 다르다. 예술적인 참과 예술적인 좋음은 또한 현실의 참과 좋음과 다르게 작동한다. 왜냐하면 아름다움은 최면술적이고, 작가는 (대중의 마음만을 잡을 뿐인) 최면상태에서 덕과 지혜를 주입시키기 때문이다. 그래서 역설적이게도, 한 작품의 도덕성과 지혜를 소화하기 위해서 우리의 도덕적 이성적 능력이 누그러져야 하는 일이 벌어진다. 그래서 플라톤은 창작을 불신한다.

플라톤에서 아리스토텔레스로 넘어가면서 우리는 플라톤 체계의 확인만이 아니라, 그것의 연장과 가공을 발견하길 기대한다. 플라톤의 대화편들에 많은 중요한 미학적 관념들이 있다. 이것들은 매우 중요한 것들임에도 아주 조금 다루어진다. 그리고 아리스토텔레스에서 가공되어 있는 같은 관념들을 발견할 수 있는 한에서, 우리는 그리스 미론과 예술론을 정립하는 데 더 가까이 다가설 것인데, 이것을 해명하는 것이 우리의 공언된 목적이다. 예를 들어, 우리는 미와 예술적인 영감이 지닌 비이성적인 성질을 이미 주목했다. 그러나 비이성성 자체는 여전히 탐구될 필요가 있다. 우리는 비이성적인 것을 신비스럽고 초월적인 것으로 여겨야 하는가, 아니면 그것을 동물적 본능에 퍼져 있는 것으로서 원초적 생의 약동(élan vital)에 대한 표현으로 여겨야 하는가? 아니면, 우리가 미의 비이성성을 최면의 비이성성과 연결시켰으므로, 예술과 창작의 비이성성을, 최면적인 혼수상태가 의사나 무대 최면술사에 의해 야기되듯이, 물질적으로 기계적으로 야기된 어떤 것으로 보는 것이 맞는가? 아직 철저하게 탐구되지 않은 또 하나의 중요한 물음은 음악 및 [문예] 창작 예술 쪽과 회화 및 조형 예술 쪽 간의 관계에 관한 물음이다. 우리가 이미 했던 것처럼, 그것들을 계속해서 편의상 무형 예술(progressive arts)과 유형 예술(inert arts)이라 부르자. 우리가 보았듯이, 그것들을 재현 예술들로 가깝게 연결시킴으로써, 『국가』에서 플라톤은 음악과 창작을 교육의 영역에 놓고 회화와 조각은 수공의 영역에 놓았던 그리스의 전통적 분류를 교정하고 있었다. 하지만, 재현 예술의 최면술적인 성격을 강조하길 희망할 때, 플라톤은 최면술의 유비가 보다 더 적절해 보이는 창작과 음악으로부터 사례를 선택하길 선호한다. 우리는 분명히 무형 예술과 유형 예술 사이에 있는 방법상의 중요한 차이를, 그것들에 공통된 재현적인 기반에도 불구하고, 의식한다. 그리고 다음 물음은 또한 아리스토텔레스가 우리에게 도움을 줄 수 있을지도 모르는 물음이다. [문예] 창작은 회화보다 더 최면술적인가? 만일 그렇다면 그런 정도에서 더 아름다운가? 그러나 무엇보다도 가장 중요한 것은 플라톤이 결코 정확하게 답변하지 않은 채 제기한 창작의 도덕적 기능적 문제이다. 만일 『법률』이 그 주제에 관한 그의 마지막 말을 담고 있는 것으로 간주될 수 있다면, 그는 확실히 비극과 희극을 도덕적 교화의 능력이 있는 것으로 간주했다. 하지만 그의 태도는 너무나도 조심스럽고 의심쩍어서, 우리는 그가 『국가』에서보다 그곳에서 예술의 도덕적 기능적 잠재력이 정말 무엇인지를 규정하는 데 더 가까이 다가가지 않았다고 느끼지 않을 수 없다. 『창작술』에서 아리스토텔레스는 비극을 상세하게 다뤘다. 그리고 현재 남아 있는 그의 저술들은 또한 희극과 우스꽝스러운 것의 본성에 대해 중요한 언급들을 많이 포함한다. 바로 여기에서 우리는 창작이 도덕적 기능적 측면에서 평가되는 것을 발견할 것이다. 왜냐하면 플라톤도 지적했듯이, 무엇보다도——단순한 교훈시와는 구분되는——극작에서, 현실의 도덕적 기능적 표준들은 적용될 수 없기 때문이다. 우리의 주요 테제를 다시 한 번 강조하는 기회를 갖도록 하자. 예술과 창작은 본질적으로 도덕적이고 기능적이지만, 다른 기술들과 같은 방식으로 그런 것은 아니다. 아리스토텔레스는 이러한 미묘한 차이의 본성을 우리가 이해하도록 플라톤보다 훨씬 더 도움을 준다.

이와 동시에, 어떤 의미에서 아리스토텔레스가 미학적 미적 가치들에 대한 플라톤의 견해를 확인해 주는지를 보여 주는 것이 바람직하다. 그것은 아리스토텔레스가 가끔 이 주제에 관련하여 플라톤을 수정하거나 그를 반대하는 사람으로 간주되기 때문에 더욱더 바람직하다. 정말로, 아리스토텔레스 철학의 많은 부분은 플라톤의 개념들을 변경하고 수정하는 것에 놓여 있다는 주장은 참이다. 그리고 아리스토텔레스 자신도 확실히 그가 플라톤과 다르다는 점을 감추려고 고심하지 않는다. 『창작술』에서, 그가 재현 예술을 방어하면서 보이는 논쟁적인 어조를 오인할 수는 없다. 하지만 여기에서 그를 결코 비난할 수는 없다. 왜냐하면 『국가』에서 창작에 대한 변호를 '작가 자신이 아니라 창작을 사랑하는 사람들'에게 요청했을 때, 플라톤 자신이 도전장을 냈기 때문이다. 논쟁의 기분으로 이루어진 도전장은 같은 분위기로 대처할 수밖에 없다. 더욱이, 이는 우리로 하여금 우리가 이미 증명한 사실을 기억나게 한다. 즉, 『국가』는 창작에 대한 플라톤의 **숙고된 견해**를 대변하지 않는다. 그리고 아리스토텔레스의 『창작술』은 어떤 점들에서 『국가』에 정형화된 관념들에 대한 답변 및 반박을 담고 있지만, 우리가──플라톤의 태도에서 근본적인 것으로서 확인한──예술이 지닌 미와 영감과 도덕적 가치에 관한 교설들에 거스르지 않는다.

아리스토텔레스가 플라톤의 미론에 동의하는 가장 명백한 경우 중 하나는 『니코마코스 윤리학』에서 찾아볼 수 있다. 그곳에서 아리스토텔레스는 즐거움에 관한 철학을 다루면서, 『필레보스』에서 어느 정도 괴로움의 사전증상을 함축하는 '혼합된 즐거움들'과 봄, 들음, 맡음의 순수한 즐거움들 간에 이루어진 구별을 승인한다. 아리스토텔레스는 말한다.

즐거움은 이전에 고통을 주었던 어떤 결여로부터 해방됨에 함축되어 있다. 하지만 이것이 모든 즐거움들에 들어맞지는 않는다. 왜냐하면 배움, 맡음, 들음, 봄...... 등의 즐거움들은 어떠한 고통과도 연결되지 않기 때문이다. (10권 3장 1173b 14~19)

플라톤도 혼합되지 않은 즐거움들에다 배움에서, 형태의 기하학적인 규칙성에서 우리가 얻는 기쁨을 포함시킨다는 점을 우리는 기억하게 될 것이다. 아리스토텔레스가 다른 곳에서 수학을 미에 대한 지각과 연결시킨다는 점을 주목하는 것은 흥미롭다. 우리는 『형이상학』에서 읽는다.

좋음과 아름다움은 다르다. 앞의 것은 행위에 들어 있고, 뒤의 것은 변하지 않는 것들에 들어 있다. 그래서 수학적 학문들이 좋음과 아름다움과 관련되어 있지 않다고 주장하는 사람들은[1] 진리를 벗어난다. 왜냐하면 수학은 그러한 문제들에 대해 눈에 띌 정도로 뭔가를 표명하고 증명하기 때문이다. 사실, 수학은 그것들이 구체적으로 구현된 것들을 다루지는 않지만, 이것들의 바탕에 깔린 원리들에 대해 결코 침묵하지 않는다. 예를 들어, 아름다움에 속한 최대의 종(種)들은 질서, 균형, 한정인데, 이것들은 무엇보다도 수학의 연구 대상들이다. (13권 3장 1078a 31~b 2)

나아가 아리스토텔레스는 질서, 균형, 한정이 존재의 근본적인 '원인'들이기 때문에 아름다움도 마찬가지로 근본 원인으로 취급된다고 주장한다. 앞의 구절은, 미는 크기와 질서에서 찾아야 한다는 『창작술』(7장 1450b 37)의 잘 알려진 진술과 연결하여 읽을 때, 특히 흥미롭다. 『토피카』(변증론)(3권 1장 116b 21)에서 아리스토텔레스는 균형(symmetria)이 선율의 토대라고 선언한다.[2] 또는 아마도 그는 [선율이 아니라] 팔다리의 배치에 보이는 균형에 대해 말하고 있을 것이다. 이는 'melē'라는 그리스어를 어떻게 번역하느냐에 달려 있다. 하지만 모든 그러한 언급들의 일반적인 취지는 우리가 『필레보스』와 『대 히피아스』로부터 도출했던 교설들을 확인하는 것이다. 현상적인 우주의 일정한 대상들에서 발견될 수 있는 원초적 조화가 있고, 미는 이것의 양상이거나 성분이다.

미가 예술에 대해 갖는 관계 속에서 미를 연구하기에 이를 때, 우리는 아리스토텔레스에서 플라톤적 소크라테스적 반향을 여전히 발견한다. 우리는 『정치학』에서 읽는다.

> 고결한 성품의 사람들은, 잘생긴 사람들이 그렇지 못한 사람들을 능가한다고 일컬어지는 것과 같은 방식으로, 그리고 예술가의 창작물들이 살아 있는 모델을 능가하는 것과 같은 방식으로, 대다수의 사람들을 능가한다. 그 비밀은 달리 흩어져 있던 특징들이 한데 모여 하나를 이루었다는 점에 있다. 하나씩 뜯어보면 화가가 재현한 [실제의] 눈이라든가 다른 신체 부위가 그림과는 비교가 되지 않을 정도일 수 있는 것이다.
> (3권 11장 1281b 10~16)

---

1) 퀴레네학파의 철학자들[예를 들어, 아리스티포스]. 『형이상학』 3권 2장 996a 32를 보라.
2) 『정치학』 5권 3장 1302b 33과 『자연학적인 문제들』 916a 참조.

예술에서의 균형과 적절 개념은 『정치학』의 다음과 같은 구절에서 정치적 평등과 관련하여 거듭 강조된다.

> 화가는 자신이 그리는 대상에다 엄청 아름다운 발일지라도 균형에 어긋난 크기의 발은 허락하지 않을 것이다. 그리고 배를 만드는 사람은 배의 고물이나 여타 부분을 건조하면서 동일한 구속을 행사할 것이다. 마찬가지로, 합창단의 지휘자는 단원들 전체를 합한 것보다 더 큰 목소리로 더 잘 노래할 수 있는 단원을 환영하지 않을 것이다. (3권13장1284b8~13)

이러한 언급들은 균형에 대한 고집 때문에 흥미롭다. 크세노폰의 『회상』에 기술되어 있듯이, 소크라테스와 파라시오스[제욱시스와 겨뤘던 그리스 화가, 기원전 5세기] 간의 대화에서 화가는 몇몇 모델들에서 가장 아름다운 부분들을 골라 그것들을 결합한다는 점이 동의된다. 아리스토텔레스는 예술가의 방법에 대한 그런 견해를 약간 수정한다. 그는 예술가가 여러 모델들로부터 선택할 수 있다는 점에 동의하지만, 여기에서 이루어진 선택은 '가장 아름다움 부분들'의 선택이 아니라, 가장 아름다운 전체를 구성하도록 결합될 부분들의 선택이다. 그럼에도, 우리의 목적은 여기에서 아리스토텔레스의 견해와 소크라테스 또는 플라톤의 견해를 구별하는 것이라기보다는 그것들 간의 유사성들을 증명하는 것이다. 그리고 우리는 이런 목적을 염두에 두고 그것들을 언급했다. 앞의 두 구절은 아리스토텔레스에게 미는, 플라톤(『국가』 5권 472d)에서 그랬듯이, 예술에서 마땅히 고려해야 할 사항이었다는 점을 분명하게 보여 준다. 물론 현대적인 전제들에 지배된 우리들은 이것이 그가 평범한 의견만을 가졌을 뿐이라는 것을 뜻한다는 점을 발견할 것이다. 그러나 그것은, 우리가 아리스토텔레스가 예술에 대한 '모방적'일 뿐인 개념을 가진 것으로——여기에서는 미가 아니라 진리가 궁극적인 기준이다——확인하고 싶어질 때, 또는 그리스의 미학적인 개념들이 윤리적일 뿐인 판단들에 의해 오염되었다고 주장될 때, 마음속에 새겨 두어야 할 점이다. 그것과는 거리가 멀게, 그리스의 견해는, 플라톤과 아리스토텔레스의 저술들에 나타나듯이, 지극히 균형이 잘 잡혀 있었고, 일방적인 면은 순수하게 미적인 표준들만을 가진 현대 비평가들의 강박관념에서 발견될 수 있다.

우리가 보았듯이 형태미의 또 다른 양상을 나타내는 기능미 개념들은 아리스토텔레스에서 풍부하다. 기능은 예술적 미의 원리일 뿐만 아니라 개인적 미의 원리이기도 하다. 그는 우리에게 말한다.

> 미의 표준은 개인의 나이에 따라 변한다. 젊은이에서 미는 속도라든가 힘을 발휘하기에 적합한 신체의 소유를 뜻하고, 그런 신체를 소유한 사람 자신은 남의 눈을 즐겁게 한다. 이것은 5종 경기 선수들이 가장 아름다운 이유이다. 왜냐하면 그들은 힘과 속도를 갖췄기 때문이다. 하지만 장년기의 남자는 전쟁 수행을 위한 골격을 갖춰야 한다. 그리고 그의 외양은 호감을 줄 뿐 아니라 무서워야 한다. 늙은이는 실생활의 기본적인 일들을 감당할 수 있어야 하고, 노년에 공통된 볼썽사나운 모습으로부터 벗어나 남에게 해가 되지 않아야 한다. (『연설술』1권5장1361b7~14)

사람의 외양은 이렇듯 아리스토텔레스가 제시하는 미의 규준을 따르려면 자신의 나이에 적절한 성질을 나타내야 한다. 균형 속의 통일 원리는 유기체 전체가 향한 기능에서 발견되어야 한다. 인생에서의 특정 나이뿐만 아니라 사회적인 지위도 그것과 더불어 기능 관념을 지닌다. 『정치학』(1권 5장 1254b 28)에서 아리스토텔레스는 자연의 목적은 노예의 신체를 자유인의 신체와 다르게 만드는 것이라고 선언한다. 노예의 신체는 절대 필요한 노동의 수행을 위해 튼튼하게 만들어졌다. 다른 한편으로, 전형적인 자유인은 몸이 꼿꼿하고, 그러한 천역에 신체적으로 적합하지 않다. 그의 신체는 시민 생활, 즉 전시와 평화 시에 국가에 봉사하기에 적합하다. 나아가 아리스토텔레스는——아마도 이론의 한계점들을 깨달은 이론가처럼 깊은 생각에 잠겨——실제로는 노예가 가끔 자유인의 신체를 가지고, 자유인이 노예의 신체를 가진다는 점을 주목한다. 만일 신상(神像)들이 인간 존재들과 다르듯 자유인이 신체적으로 노예들과 다르다면, 노예의 의무과 시민의 의무를 그것들이 속한 곳에다 배정할 때 아무런 문제가 없을 것이다. 불행하게도 혼의 아름다움은 신체의 아름다움처럼 그렇게 간파하기 쉽지 않다고 그는 결론 내린다.

혼의 아름다움은 물론 도덕적 미의 관념을 함축한다. 이것은 아름다움의 기준과 좋음의 기준이 융합되는 것처럼 보이는 지점이다. 아리스토텔레스는 플라톤처럼 두 가지 근본 가치가 구분될 수 없게 되는 이 지점을 의식한다. 『니코마코스 윤리학』에서 읽는다(1권 8장 1099a 8~18).

모든 사람은 자신이 사랑하는 것에서 즐거움을 얻는다. 말(馬)을 사랑하는 사람은 말에서, 구경거리를 사랑하는 사람은 구경거리에서 즐거움을 얻는다. 마찬가지로, 정의를 사랑하는 사람은 정의에서, 일반적으로 탁월성을 사랑하는 사람은 탁월성에서 즐거움을 얻는다. 하지만 대부분의 사람들에서 즐거움은 본성적으로 즐거운 것들이 아니기 때문에 다툼이 있지만, 아름다움을 사랑하는 사람들은 자연적인 즐거움에서 즐거움을 얻는다. 이러한 즐거움은 탁월한 행위들에서 발견된다. 이런 행위들은 그 즐거움을 누릴 수 있는 사람들에게 본성적으로 즐거움을 제공한다. 그런 사람들의 삶은 즐거움을 부속물로서 요구하지 않는다. 왜냐하면 그것은 즐거움을 그 자신 안에 가지고 있기 때문이다. 더욱이, 아름다운 행위들에서 즐거움을 얻지 않는 사람은 좋지 않다.

이런 말들에는 확실히 플라톤적인 반향이 들어 있다. 아리스토텔레스가 여기에서 선언하고 있는 미와 탁월성의 동일시는 『향연』의 교설을 ─ 그리고 정말이지 다른 많은 플라톤의 윤리적인 선언들을 ─ 생각나게 한다. 행복을 완성하려면 어느 정도로 '외적인 선들'이 필요한지에 대해 아리스토텔레스가 주저하는 반면에, 플라톤은 항상 외적인 것들에 그렇게 의존하는 것을 부인하려고 애썼다는 점은 사실이다. 하지만 『니코마코스 윤리학』에, 좋음과 아름다움은 보통 사람이 도달할 수 있는 곳에 놓여 있고, 탁월성의 기술에 의해 획득될 수 있다는 견해가 표명된다. 실제로, 미와 탁월성을 같은 것으로 보는 점은 드물지 않다. 젊은이들은 『연설술』(수사학)(2권 12장 1389a 12)에서 유익한 행위들보다 아름다운 행위들을 선호한다고 기술된다. 왜냐하면 "계산은 이득을 겨냥하지만, 탁월성은 아름다움을 겨냥하기 때문이다." 『니코마코스 윤리학』(1143a 16)에서 다시 그는 당연한 일인 듯 아주 무심결에, 훌륭하게 행한 것은 '아름답게' 행한 것이라는 점을 주목한다.

앞에서 살펴본 점들로 보건대 분명히, 아리스토텔레스는 미를 삶과 예술에서 으뜸 가치로 인정했다. 이와 동시에 미는 결코 그것이 플라톤 철학에서 얻는 독립성을 아리스토텔레스 철학에서 얻지 못한다. 아리스토텔레스에서 미는 항상 합리적인 것과 도덕적인 것과 연결되어 있다. 그의 저술에는 플라톤이 미를 사랑과 연결하고 사랑을 통해 '광기'와 연결하는 것에 상응하는 내용이 없다. 다른 한편으로, 이성과 앎을 향한 비이성적 충동은 그것이 플라톤에서 강조되는 것보다 훨씬 더 아리스토텔레스에서 강조된다. 우리가 『필레보스』에서 보았듯이, 미는 단순한 감각들과 추론들에서 느낀 즐거움으로 규정되었다. 아리스토텔레스는 정신이 추리 과정에서 얻는 본능적인 기쁨에 대해, 결코 실제로 그러한 즐거움을 미에 대한 지각과 동일시하지 않지만, 우리에게 많은 것을 말한다. 하지만 동일시하지 않는 것은 단지 용어의 문제일 것이다. 왜냐하면 미가 합리성과 연결되어 있고 합리성 자체가 설명할 수 없는 충동의 산물이자 추리되지 않은 욕구의 충족이라면, 우리는 미에 대한 지각이 이러한 모호한 충동과 같다고 생각하지 않을 수 없기 때문이다.

이러한 맥락에서 가장 의미 있는 구절을 『형이상학』의 시작 부분에서 찾아볼 수 있다. 아리스토텔레스는 말한다.

모든 인간은 본성적으로 앎을 욕구한다. 이 사실에 대한 증거는 우리가 감각에서 얻는 만족에 놓여 있다. 감각은 그것이 제공하게 될지도 모를 장래의 이득과 별도로 그 자체로 존중된다. 그리고 이는 특히 시각의 경우에 맞는 말이다. 다른 어떤 감각보다 시각은 앎을 조장하고 우리에게 여러 가지 구분들을 내놓는다. 물론 우리는 다른 동물들과 감각을 공유한다. 그리고 감각은 어떤 동물들에서 기억에 의해 보완되지만, 다른 어떤 동물들은 기억을 소유하지 못한다. 기억력을 소유한 동물들은 더 이성에 따르고 그렇지 못한 동물보다 더 가르침을 받아들인다. 어떤 동물들은 배우지는 못해도 이성적인 특징들을 보인다. 이러한 종류에 벌과, 소리를 구별할 줄 모르는 모든 것들이 포함된다. 왜냐하면 가르침은 기억에 전달되고 청각에 의존하기 때문이다. 배움의 능력이 없는 동물들은 영상을 만들고 기억하는 능력만으로 살아가지만 '경험'이라 부를 수 있는 것을 거의 갖지 못한다. 다른 한편으로, 인류는 기술과 계산에 의해 살아간다. 그리고 기억은 인간 존재들에게 경험이나 경험적인 앎의 근원이다. 왜냐하면 기억들이 축적되면 경험적 지식을 이루기 때문이다. 그래서 경험적인 앎은 기술과 학문에 근접한 것으로 보인다. 그러나 인간들이 경험적인 앎을 통해 기술과 학문에 도달한다고 말하는 것이 더 정확할 것이다. 기술은 많은 경험적인 파악의 결과로서, 유사성으로 말미암아 분류가 가능한 사례들에 보편적인 판단이 적용될 때 생겨난다. (1권 1장 980a 21~981a 3)

이 구절과 관련하여 독자는 아마도 몇 가지 번역상의 어려움을 경고받을 것이다. 능력들에 관한 아리스토텔레스의 분류는 우리 자신의 것과 일치하지 않는다. 경험적인 앎(empeiria), 기술(technē), 학문(epistēmē)은 합리성의 상승 정도를 보여 준다. 이렇게 이해된 기술은 우리의 예술 개념과 상관없고, 단순히 '솜씨'나 '테크닉'으로 번역될 수 있을 것이다. 그것은 항해와 의학적인 조력과 같은 능력들을 포함했다. 아리스토텔레스가 구분한 것들은 실제로 분명하고 유용하다. 그리고 오늘날 우리가 이 구분들을 수용한다면, 상당히 많은 모호한 생각으로부터 ── 예를 들어,

교육이 명백히 '경험'과 '기술' 사이에 놓여 있는데도 교육을 학문으로 세우려고 하는 시도로부터, 또는 '호텔경영'이나 '축산' 분야에서 학위를 수여하는 것으로부터—우리를 구제해 줄 것이다. 하지만, 우리는 아리스토텔레스가 이성을 충동으로서 파악했다는 점을 증명하기 위해 앞의 구절을 언급했다. 이러한 충동의 뿌리는 심지어 인간보다 낮은 단계의 것이고, 동물의 세계에서도 발견될 수 있다. 하지만 높은 단계의 지성은 낮은 단계의 것보다 더 일반적이고, 더 가르칠 수 있고, 더 심원하고 덜 유용하다. 왜냐하면 철학자의 목표인 지혜는 그 자체로 목적이고 다른 학문이나 능력에 봉사하지 않기 때문이다. 아리스토텔레스는 말한다.

맨 처음에 지혜를 추구했던 사람들을 살펴보더라도, 분명히 그 학문은 창작 능력이 아니었다. 지금과 마찬가지로 원래 사람들은 놀람의 감정으로써 철학하기 시작했다. 처음에는 일상적으로 벌어지는 뜻밖의 일들이 그런 감정을 일으켰고, 사상가들은 점차 더 넓은 주제들, 예를 들어 달, 해, 별들에 미치는 현상들과 우주의 기원을 연구하는 데로 이끌렸다. 당황스러움과 놀람은 자신의 무지에 대한 의식을 낳는다. 그리고 신화애호가가 그러한 철학자라는 점이 따른다. 왜냐하면 신화는 놀라운 일들로 가득 차 있기 때문이다. 그런데, 철학의 목적은 무지로부터 벗어나는 일이므로, 분명히 사람들은 앎 자체를 추구했지 어떤 부수적인 유용성을 추구하지는 않았다. 이는 여러 가지 사실들이 입증한다. 이런 특별한 종류의 지성은 한편으로 유용성의 요구들이, 다른 한편으로 안락과 오락이 이미 충족되었을 때에만 존중되었다. 그렇다면 분명히, 지혜의 추구는 그러한 곳에 동기를 두지 않는다. 그것은 자신의 명령대로 살고 다른 어떤 사람의 명령대로 살지 않는 자유인의 방식으로 존재한다. 그리고 이런 식으로, 모든 앎 중 그것만이 자유롭다고 여겨야 한다. 그것만이 자신을 위해 존재하기 때문이다. 따라서 그것의 소유는 인간의 능력을 넘어선 것이라고 생각할 법도 하다. 인간의 본성은 여러 가지 면에서 속박 상태에 있기 때문이다. 그래서 시모니데스[그리스 서정시인, 기원전 555~467]는 말한다. "이러한 특권은 신만이 누릴지어다." 그리고 인간은 앎을 부여받고자 기대할 권리가 없다. 정말로, 작가들의 말이 맞고, 신이 질투한다면, 우리는 앎이 특출한 사람들은 불행할 것이라고 생각할 수 있을 것이다. 그러나 신이 질투할 수는 없다. 또, 속담에도 나오듯, 작가들은 가끔 거짓말을 한다. 어떠한 능력도 우리가 말하고 있는 능력보다 더 값지지도 않다. 왜냐하면 이 능력은 다른 모든 능력들보다 신적이고 값진 것이기 때문이다. (1권 2장 982b 11~983a 5)

아리스토텔레스는 철학의 신적인 본성을 강조한다. 신성은 창조된 우주의 시초에 놓여 있고, 우주의 으뜸가는 원인들에 관련되어 있을 것이므로, 신이 소유한 앎이라면 그러한 시초들과 원인들에 관련되어 있을 것이라고 생각하는 게 합당하다. 따라서 으뜸가는 시초들과 원인들에 대한 연구인 철학은 신적인 것으로 간주될 모든 권리를 갖는다. 여기에서 좋음과 유용함 사이에 멋진 구별이 이루어진다. 아리스토텔레스는 철학이 학문들 중 가장 유용하지 않은 것이지만, 그것은 동시에 가장 좋은 것이라고 주장한다(1권 2장 983a 10). 신적인 것(theion)의 비이성적인 본성은 이렇듯 명백하게 된다. 철학, 또는 적어도 그것의 목표인 지혜는 어떠한 다른 이유 때문에 좋지 않다. 그것은 단지 그것에 내재한 좋음 때문에 좋다. 이렇듯 우리의 이성적인 능력들은 비이성적인 본능에 의해 조장될 뿐만 아니라 비이성적인 목표 쪽으로 방향이 잡혀 있다. 이성의 발휘 자체는 한 극단에서는 원초적인 충동들에 의해, 다른 극단에서는 철학적인 고양에 의해 한정된 설명할 수 없는 강제이다.

그런데, 아리스토텔레스에 따르면 안락과 오락의 기술들은 실용적 기술들보다 더 철학적인, 따라서 더 높은 능력을 나타낸다. 그는 우리에게 말한다. 기술의 개척자들은 자신들의 발견들이 지닌 유용성 때문에 놀람을 일으키지 않고, 단지 그들이 현저하게 지혜로웠기 때문에 놀람을 일으켰다고 말한다(1권 1장 981b 13). 달리 말하자면, 그러한 기술들은 놀람을 일으킨다. 놀람의 요소와 '무용성'의 상황은 모두 철학의 특징들이다. 아리스토텔레스가 놀람의 주제에 대해 언급하는 부분은 아주 흥미롭다. 그리고 아리스토텔레스가 앎을 향한 충동인 것으로서 놀람에 대해 말할 때, 그가 이 단어로써, 플라톤이 『향연』에서 앎에 대한 '사랑' 또는 열정을 말할 때 의미했던 것과 아주 비슷한 것을 의미한 것처럼 보일 것이다. 놀람은 즐거운 것이다(『창작술』 24장 1460a 17). 놀람은 신화의 토대이다(『형이상학』 1권 2장 982b 19). 서사시 창작에서 놀람은 특별한 자리를 차지한다. 왜냐하면 서사시는 비이성적인 요소를 가장 쉽게 수용하기 때문이다(『창작술』 24장 1460a 13). 『형이상학』에서 놀람의 한 사례는 정사각형의 대각선이 같은 단위로써 한 변과 측정되지 않는다는 사실, 또는 수학에서는 최소 단위의 측정이 있을 수 없다는 사실에서 발견된다. 물론 그러한 현상들은 깨우치지 못한 사람에게만 놀람을 일으킨다. 왜냐하면 아리스토텔레스는 서둘러, 수학자는 그러한 사실들이 반대로 나타났을 때 상당히 놀라워할 것이라고 지적하기 때문이다(1권 2장 983a 20).

서사시 창작에서 비이성적인 사건들에 의해 야기된 놀람의 일례는 아킬레우스의 신호에 그리스 군대 전체가 가만히 있는 관중의 역할을 떠맡는 동안 헥토르가 아킬레우스로부터 도망치는 장면에 의해 제공된다(『일리아스』 22권 205행). 그러한 사건들에 대한 우리의 느낌들은 혼합된 것이다. 왜냐하면 놀라운 것은 즐겁지만, 놀람은 이성적인 것을 조롱함으로써만 그것을 조장하기 때문이다. 그리고 우리의 이성적인 본능들이 참아 낼 놀람의 양에는 한계가 있다. 이렇듯, 언급된 장면은 서사시에서는 참아 낼 만하지만, 무대 위에서는 그렇지 못할 것이다(『창작술』 24장 1460a 14). 아리스토텔레스의 요지를 평가하기 위해서 우리는 『햄릿』의 마지막 막(幕)을 읽고 이를, 끝나는 장면에서 돌처럼 굳은 따리꾼들과 병사들을 처리하려는 연출자의 시도와 비교해 보기만 하면 된다. 서사시에 담긴 불합리성의 추가 사례로서 아리스토텔레스는 『오뒤세이아』의 일화를 언급한다. 그곳에서, 오뒤세우스는 잠을 자다 자신도 모르게 파이아케스 인들에 의해 이타카의 해변으로 옮겨지게 된다(『오뒤세이아』 13권 116행). 여기에서 비개연성은 굉장히 커서, 호메로스가 그 사건을 화려하게 다룸으로써만 수용 가능한 것이 된다(『창작술』 24장 1460b 2). 황폐한 부조화에도 불구하고 작가의 기술만이 그 상황을 구할 수 있는 것처럼 보일 것이다.

　　불일치, 즉 어긋나는 점(atopon)은 놀람에 필요한 경우인 것으로 나타난다. 우리의 경험은 우리에게 불일치를 제시하고, 이성에 호소할 것을 우리에게 강요한다. 눈대중(empeiria)은 정사각형의 대각선이 같은 단위로서 한 변과 측정된다고 암시할지 모르지만, 측정해 보면 이와 다르게 입증된다. 이성이 설명 원리를 공급해야 한다. 신화와 신화를 안치하는 창작에서, 인간의 기원들에 대해 비이성적인 사건에 의해 신비스럽게 모호하게 제시하는 전통들은 우리가 삶에서 직접 경험한 것과 일치하지 않는 것으로 느껴진다. 그래서 이성에 대한 우리의 자각과 그것에서 우리가 느끼는 즐거움은 먼저 비이성적인 것에 대한 강화된 지각에 의해 조장된다. 놀라는 사람은 자신의 무지를 의식하고 그로부터 벗어나기 위해 철학한다. 마찬가지로, 비도덕성에 대한 지각은 도덕성으로 가는 정상적인 접근일 것이다. 그리고 처음에 결여로 느껴지는 미에 대한 사랑도 그렇게 비교해 볼 수 있다. 분명히, 창작에 의해 조장된 놀람의 지각은 아리스토텔레스가 창작에 부여한 철학적인 성질을 설명한다. "창작은 역사보다 더 철학적인 능력이다"는 그의 잘 알려진 문구(『창작술』 9장 1451b 5)는 그러한 태도를 확인해 준다. 그리고 우리는 철학자(말 그대로는 '지혜를 사랑하는 자')가 ── 창작을 사랑하는 사람처럼 ── 신화를 사랑하는 사람이기도 하다는 점을 보았다. 하지만 작가는 철학자가 아니다. 그리고 『창작술』(4장 1448b 14, 15)에서 아리스토텔레스는 창작적인 재현이 주는 즐거움은 이성적인 즐거움이지만, 그 창작이 향하도록 되어 있을 보통 사람은 그러한 즐거움을 감소된 정도로만 누릴 수 있다고 우리에게 말한다. 창작의 주목적은 놀람을 충족[해소]시키는 것이 아니라 그것을 부추기는 것으로 보일 것이다. 그리고 이것은 흥미롭다. 왜냐하면 놀람은 매혹에 이르고, 이러한 매혹에서 우리는 창작적인 '신들림'에 가까이 관련된 최면술적인 성질을 발견하기 때문이다. 이 '신들림'을 플라톤은 『이온』에서 기술하고 아리스토텔레스 자신도 ── 앞으로 우리가 보겠지만 ── 다른 곳에서 그것을 언급한다. 이와 동시에, 이성을 완전하게 충족시킴이 없이 이성을 조장하는 과정과, 우리의 이성적인 습관들이 보이는 저항을 새로운 이성적인 제안들로 환원하기 위해 이성을 억압하는 과정 사이에 중요한 차이가 있다. 앞의 경우에는 최면술적인 힘이 이성을 부추김에 의해 처음에 산출되는 것처럼 보이고, 뒤의 경우에는 그것을 누그러뜨림에 의해 산출되는 것처럼 보인다. 아리스토텔레스가 이 두 가지 과정을 인정했다는 증거가 있다. 왜냐하면 그는 창작에서, '놀람'의 요소 외에, 또 다른 비이성적인 요소를 언급하기 때문이다. 실제로, 플라톤처럼, 그는 '신적인 사로잡힘'(entheon, enthousiasmos)을 말한다. 그의 언급 몇 가지를 검토해 보자.

（『창작술』의) 관련 구절 중 하나는 이미 잘 알려진 것이고, 많은 논평의 대상이 되어 왔다. 이는 부분적으로는 아마도 그것이 잘 알려진 대로 텍스트 상의 수정을 포함하기 때문일 것이다. 하지만 우리는 흔히 제시된 영어 번역과는 다른 번역을 내세우고, '또는'이라는 말을——'또는 그밖에'가 아니라——'또는 심지어는'으로 이해하고자 한다. 이렇게 읽으면 그 구절은 다음과 같다.

> 그러므로 창작은 재능을 타고난 정신 **또는 심지어는** 광기 있는 정신의 산물이다. 재능을 타고난 사람들은 아주 감수성이 강하고, 광기 있는 사람들은 거친 감정적인 전환에 빠지기(말 그대로는, '일탈적이기') 쉽다. (『창작술』17장 1455a 32~34)

이것의 의미는, 우리가 이것에다 아리스토텔레스가 『연설술』에서 제시한 심리학적인 관찰 중 하나를 더 놓을 때, 더욱 분명해진다.

> 재능을 타고난 가족들은, 알키비아데스와 디오뉘시오스 1세의 자식들에서 보듯, 광기 있는 유형으로 퇴화한다. 반면에 차분한 세대들은, 키

몬과 페리클레스와 소크라테스의 후손들에서 보듯, 우둔하고 굼뜬 후손들로 이어진다. (2권 15장 1390b 27~31)

여기에서도 특출한 태생이 비정상이나 '광기'와 연결되어 있다. 그리고 특출한 성격과 광기 있는 성격은 차분한 성격과 굼뜬 성격처럼 그렇게 많이 서로 대조되지 않는다. S. H. 부처(Butcher)는 아리스토텔레스가 위에서 인용한 『창작술』의 구절에서, "두 종류의 시인 —— 각 성격의 인상을 차례로 받아들일 수 있는 유연한 천재인 사람과, 자신 바깥으로 나와 상승되고 자신의 인격을 잃는 섬세한 광란의 사람 —— 을 구별했다"고 말한다. 그러한 두 종류의 작가가 실제로 존재하는가? 확실히, 서정 시인을 '일탈적인'(ecstatic) 사람으로 여기고 극작가를 감수성이 강한 또는 '유연한'(euplastic) 사람으로 간주하지 않는다고 한다면, 고대의 창작에서 그러한 두 가지 유형을 발견하기는 힘들다. 그러나 아리스토텔레스는 여기에서 극작가들을 논하고 있다. 그리고 그의 언급을 그런 식으로 적용할 만한 조그마한 증거도 없다. 확실히, 그가 같은 종류 내에서 두 가지 **정도**를 언급하고 있다고 해야 맞다. 그는 보통, 심리적 유형을 ①그것의 정상적인 특징들과 ②그것이 극단적으로 또는 비정상적으로 드러난 것들의 견지에서 기술한다. 좋게 말하면 감수성이 강하고, 나쁘게 말하면 신경과민인 한 가지 심리적 유형은 들뜬 부류를 구성하고, 이것은 함축적으로, 『연설술』에 언급된 차분한 인격의 다른 부류와 구별된다. 만일 우리가 이 견해를 받아들인다면 우리는 플라톤의 『이온』에 나타나는 것과 아주 비슷한 작가 기질에 대한 관념에 대면한다. 작가는 비이성적이고, 비이성적이기 때문에 암시에 걸리기 쉽다. 이와 비슷하게 아리스토텔레스는 다른 곳에서 시라쿠사 출신의 마라코스라는 어떤 시인이 제정신이 아닌 상태에 빠졌을 때 더 성공을 거두었다고 우리에게 말한다(『자연학적인 문제들』954a 38). 여기에서 사용된 말은 다시 영어 'ecstasy'[무아경]와 어원이 같다. 더욱이, 아리스토텔레스가 창작적인 힘을 '신적인 사로잡힘'(신들림, entheon, enthousiasmos)이라는 플라톤의 용어로 기술하는 사례들이 있다. 그는 『연설술』에서 연설자는 문학적인 표현이 청중에게 매혹적인('신들린') 효과를 발휘하기 때문에 그것을 사용한다고 우리에게 말한다. 이는 연설자와 작가가 다분히 공통으로 갖는 점이다. 왜냐하면 창작은 '신적인 영감'의 문제이기 때문이다. 그것은 'entheon'[신들림]이다(『연설술』 3권 7장 1408b 19). 『정치학』의 끝부분에서도 아리스토텔레스는 선율과 연결하여 '신들림'을 이야기한다(8권 7장 1341b 33). 하지만 '무아경'과 '신들림'이라는 최면술적인 개념들은 무형 예술들(progressive arts)——[문예] 창작, 음악, 춤——과 관련해서만 나온다는 점을 주목해야 한다. 그렇다면 우리는 이러한 예술들이 최면술적인 방법을 사용하고, 이를 통해 정신이 처음에 마쳐되는 정도에 따라 암시에 걸리기 쉽게 되는 반면에, 그림과 조각과 같은 유형 예술들(inert arts)의 묘사는 이성적인 능력들을 조장함으로써 우리를 매혹한다고 추리해야 하는가? 만일 그렇다면, 창작——그리고 특히 극 창작이나 서사시 창작——은 무형적인 기술과 유형적인 기술 사이에 있는 중간적인 위치를 점하는 것처럼 보인다. 그리고 이러한 구별을 추구하면서 우리는 아리스토텔레스의 『창작술』로 눈길을 돌리는 것이 가장 좋다. 왜냐하면 그곳에서 극 창작과 서사시 창작이 특별히 주목받고, 그곳에 한편으로 음악과 비교하고, 다른 한편으로 그림과 비교하는 부분들이 풍부하기 때문이다.

원반 던지는 남자(Discoboulos), Myron(기원전 5세기) 작품의 로마시대 모방작

6장_ 미메시스와 리듬

아리스토텔레스의 『창작술』(시학)을 연구할 때 '모방'이란 말을 피하고, 그리스어를 번역하기보다는 그대로 '미메시스'라는 말을 쓰는 것이 더 낫다. '모방'은 좋은 번역어이다. 왜냐하면 그리스어가 전하는 것처럼 다양한 의미들을 폭넓게 전하기 때문이다. 하지만 '미메시스'는 음악 연주나 작품 낭독의 그리스적 의미를 그것들의 재현적인 양상에 대한 뚜렷한 언급을 통해 전한다. 다른 한편으로, 그것은 영어의 '모방'이 예술이나 창작과 관련하여 사용될 때 그렇듯 독창성의 부족을 함축하지 않는다.

아리스토텔레스는 일찍이 『창작술』에서 창작이 두 가지 자연적인 원인에서 발생한다고 언급한다. 이 부분의 텍스트는, 『창작술』에서 종종 그렇듯, 생략되어 있고 모호하다. 먼저, 번역문을 제공하면서 시작해 보자.

창작은 [인간의] 본성에 뿌리박고 있는 두 가지 원인으로부터 발생한 것처럼 보인다. 미메시스(흉내, mimeisthai)는 어렸을 적부터 인간 존재들에게 자연스러운 것이고, 인간은 바로 이러한 미메시스 능력의 면에서 다른 모든 동물들을 능가한다. 미메시스 능력을 통해 인간은 처음으로 여러 가지 배움을 얻고, 다들 미메시스에 의해 재현된 것들에서 즐거움을 얻는다. 이만큼은 우리의 경험으로부터 분명하다. 왜냐하면 그 자체로는 불쾌한 대상들(예를 들어, 기괴한 동물과 시체)은 그려진 상태에서, 특히 지극히 상세하게 묘사될 때, 관조하기에 즐겁기 때문이다. 그 이유는 철학자가 누리는 배움의 즐거움은 보통 사람들에게까지 ─ 이들에게는 그 즐거움의 정도가 짧긴 하다 ─ 미치기 때문이다. 그들은 그림들에 의해 즐거워진다. 왜냐하면 그것들을 관조하면서 배우고 어떤 대상의 정체를 추리하기 때문이다. 예를 들어, 초상화 속의 형태가 모델의 형태와 같다고 생각한다. 만일 모델을 본 적이 없다면, 그들은 그 그림을 초상화로 평가하지 않고, 그것의 마무리와 색상이라든가 그것이 지닌 다른 성질에 의해 평가한다. 우리는 조화와 리듬에서뿐만 아니라 ─ 왜냐하면 운율은 분명히 리듬의 종(種)이기 때문이다 ─ 미메시스에 의해 재현된 것들에서 자연스럽게 즐거움을 얻는다. 창작은 이렇듯 그 자체로 자연적인 본능의 표현인 즉흥적인 행위들이 점진적으로 진척되면서 시작되었다. (4장 1448b 4~24)

학자들과 비평가들은 아리스토텔레스가 이 구절의 첫 부분에서 언급한 두 가지 원인이 무엇인지 아주 길게 논의했다. 우리는 첫번째 원인이 그를 통해 처음으로 여러 가지 배움을 얻는 미메시스 행위이고, 두번째 원인은 우리가 묘사된 작품에서 얻는 단순한 지적 즐거움이라고 이해해야 하는가? 만일 그렇다면, 그 차이는 ①창작적인 재현 행위들과 ②타인에 의해 창작된 재현물에 대한 지각 간의 차이이다. 따라서 어떤 비평가들은 그것을 창작 능력과 감상 능력 간의 구별로 간주할 것이다. 다른 사람들은 두 가지 원인이 ① 미메시스 능력과 ② 조화와 리듬으로 기울어진 우리의 성향이라고 믿는다. 그러나 우리가 이 두 가지 해석 중 어떤 것을 아리스토텔레스의 두 가지 원인으로 간주하든지, 미메시스 쪽과 조화와 리듬 쪽 간의 구분이 사실상 이루어진다. 만일 아리스토텔레스가 '두 가지 원인'으로서 각각 창작의 즐거움과 감상의 즐거움을 가리키고자 한다면, 비슷한 구별에 비추어 조화와 리듬을 주목해야 마땅하다. 창작하는 데에서 얻는 즐거움과 조화와 리듬을 감상하면서 얻는 즐거움이 있을 수밖에 없다. 플라톤도 실제로 이렇게 구별하고 있다. 그는 리듬과 조화가, 움직임과 소리 안에 있는 질서에 의해 구성된 것으로서, 젊은이들에게 본능적으로 있다고 주장한다(『법률』2권 653e). 그러나 그는 또한 스스로 춤출 능력이 없는 늙은이들은 젊은이의 공연을 보면서 즐거움을 누릴 수 있다고 관찰한다(『법률』2권 657d). 이렇게 해서, 우리가 아리스토텔레스의 '두 가지 원인들'을 무엇으로 이해하고자 하든지, 창작과 음악에서 기본 요소들을 구성하는 것으로서 리듬과 조화는 미메시스적인 묘사로부터 구별된다. 만일 우리가 창작의 즐거움과 감상의 즐거움을 구별하고자 한다면, 분류의 선이 또한 리듬과 조화를 양분하여 네 개의 모퉁이를 가진 대칭 도형을 산출할 것이다.

우리가 이미 인용한 구절에서 아리스토텔레스는 실제로 아주 다른 두 가지 미메시스를 언급한다. 그리고 더 나아가기 전에 이 두 가지 중 ── 우리가 'mimicry'[미메시스]라고 옮긴 ── 처음의 것을 다뤄야 좋을 것이다. 정말로, 영어의 'imitation'[모방]은 여기에서 우리가 가진 목적들에 완벽하게 잘 이바지할 것이다. 왜냐하면 작품 낭독이나 음악 연주를 가리키는 세번째 종류의 미메시스는 여기에서 언급되어 있지 않기 때문이다. 아리스토텔레스가 인간 존재들이 미메시스 능력을 타고나고, 이 능력에 의해 우리는 처음으로 여러 가지 배움을 얻는다고 주장할 때, 그는 그 표현을 '흉내'(emulation)의 의미로 사용하고 있다. 우리는 다른 사람들이 애써 이룬 것들을 흉내 냄으로써 배운다. 그 용어의 두번째 의미는 물론 '묘사'(portrayal)의 의미이다. 이것은 차이성 안에 있는 유사성에 대한 형태적인 지적인 이해로서, 놀람과 즐거움을 산출하기도 한다. 여기에서 『연설술』(수사학)로부터 그와 비교될 수 있는 의미를 지닌 구절을 인용하는 것이 적절하다.

> 우리는 그림, 조각, [문예] 창작물과 같은 묘사된 작품들을 자연스럽게 즐긴다. 그리고 그 자체로는 매혹적이지 않더라도 충실하게 묘사된 모든 대상을 자연스럽게 즐긴다. 이렇듯 우리는 그러한 대상들에서, 그것들 자체 때문이 아니라 이성의 추리 과정(syllogismos)에 의해 그것들을 확인하고 이런 한에서 우리의 앎을 증가시키기 때문에, 즐거움을 얻는다. (1권 11장 1371b 6~10)

이 구절에 담긴 생각이 우리가 이미 연구했던 것과 일치한다는 것은 너무나도 명백해서 논평할 필요가 없다. 그리고 예술적 묘사가 지적 즐거움이라고 분명하게 명시하는 미메시스와 놀람 간의 연관을 주목하는 것도 흥미롭다.

묘사로서의 미메시스는 『창작술』의 다른 부분에서도 발견될 수 있고, 그런 관념은 창작과 예술에 관해 아리스토텔레스가 한 많은 언급들의 바탕에 깔려 있다. 하지만 흉내로서의 미메시스는 확실히 아리스토텔레스의 다른 저술들에서는 나오지만, 『창작술』의 다른 부분에서는 나오지 않는다. 기술은 자연을 '모방한다'는 너무나도 잘 알려진 진술을 하고 있는 『자연학』에서 아리스토텔레스는 그것을 '기술은 자연을 묘사한다'는 뜻이 아니라, '기술은 자연을 흉내 낸다'는 뜻으로 말한다(2권 2장 194a 21). 이 진술은 과거에 커다란 혼란의 근원이 되었다. 미메시스를 흉내로 파악하는 점은 정말로 아리스토텔레스의 작품 내에 철저하게 전개되어 있다. 기술은 반대되는 힘들의 균형을 이용함으로써 자연을 흉내 낸다고 주장된다(『세계에 관하여』 5장 396b 7). 자연적인 우주와 인간 사회가 갈등의 요소들로 복합되어 있듯이, 마찬가지로 그림은 색상 대비를 이용하고 음악은 높낮이와 시간의 차이를 조정한다. 글쓰기에서는 차이나는 요소들은 모음과 자음을 통해 각각 표현된다. 기술이 항상 자연을 따르는 데 만족하는 것은 아니다. 그것은 때로는 자연의 성취를 능가하는 데 목표를 둔다. 그래서 『정치학』(1337a 7권 17장 1, 2)에서 기술과 자연은 자연의 결함들을 보완한다고 말해진다. 인간의 기술은 자연이 미완으로 남겨 둔 것을 보완하거나, 아니면 자연의 과정들을 재생산할 수 있다(『자연학』 2권 8장 199a 15). 자연을 흉내 내는 것은 다시 요리 기술에 의해 예시된다. 이 기술은 음식을 다시 소화함의 일종이다. 여기에서 요리 단지의 묽은 스프는 소화액의 역할에 비교될 만한 역할을 한다(『기상학』 4권 3장 381b 6).

　　하지만 이러한 이론은 아리스토텔레스 시대보다 앞서 오래전에 철저하게 구축되었다. 데모크리토스와 헤라클레이토스가 그 이론의 대변인이었다. 우리는 플루타르코스[그리스 전기작가, 철학자, 1~2세기]에서 다음과 같은 구절을 읽는다.

하등 동물들의 것보다 우리의 학습능력이 우월하다고 자랑하는 것은 우습다. 왜냐하면 데모크리토스는 가장 중요한 일들에서 우리가 그들의 학생들이라는 점을 보여 주기 때문이다. 우리는 베 짜기와 바느질에서 거미를, 집짓기에서 제비를, 노래에서 백조나 나이팅게일을 모방한다. (『동물의 지능에 관하여』20.974a)

게다가, 이미 인용된 『세계에 관하여』의 구절은 헤라클레이토스 이론을 발전시킨 것일 뿐이다. 그리고 이 논문을 쓴 아리스토텔레스학파의 사람은(아리스토텔레스 자신이 그것을 쓴 것은 아니다) 그 이오니아 철학자에 직접 호소함으로써 이 부분의 논증에서 결론을 내린다.

S. H. 부처는 『아리스토텔레스의 창작·예술론』에 수록된 첫번째 글에서, 우리가 방금 인용한 구절들에 의지하여, 아리스토텔레스의 '실용기술' 개념을 미메시스 원리와 연결하여 전개한다. 모방은 이 맥락에서 분명히 흉내나 다름없다. 나아가 부처는 (두번째 글에서) 모방을 그것의 예술적인 재현 또는 재생(즉, 묘사)의 의미에서 검토한다. 물론 그는 처음부터 우리에게 '실재 세계를 그대로 옮김'의 문제가 아니라는 점을 확인해 주려고 애쓴다. 하지만, 실용 기술과 예술 간의 구별은 이루어지자마자 흐려진다. 왜냐하면 부처는 작가가, 아리스토텔레스의 의견에 따르자면, 세계를 있는 그대로 묘사하는 데 목적을 두지 않고 그것보다 더 낫게 묘사하는 데 목적을 둔다고 주장하기 때문이다. 이 견해를 지지하여 그는 『창작술』의 중요한 구절에 호소한다.

비판적인 문제들 및 그 해결의 수와 성격은 우리가 다음의 사실들을 고려하면 분명해질 것이다. 작가는, 삶을 그림으로 그리고 그것을 모델로 삼는 사람[화가]만큼, 삶을 묘사하는 데 관계한다. 그리고 그가 묘사할 수 있는 삶의 측면에는 세 가지가 있다. 그는 삶을 현재나 과거의 사실에 비추어 묘사하거나, 의견에 비추어 묘사하거나, 적절성에 비추어 묘사한다.[1] (25장 1460b 6~11)

마지막의 표현은, 말 그대로 옮기면 다음과 같다. "사물들이 있었던 대로나 있는 대로 묘사하거나, 사람들이 그것들이 그렇다고 또는 그렇게 보인다고 말하는 대로 묘사하거나, 그것들이 마땅히 그래야 하는 대로 묘사한다." 아리스토텔레스는 조금 뒤에 계속해서 같은 주제에 대해 다음과 같이 언급한다.

우리는 어떤 작품이 사실에 들어맞지 않는다는 비판을, 어떤 경우들에서 그 작품이 우리의 열망에 부응한다는 답변으로써 되받아칠 수 있다. 그래서 소포클레스는 에우리피데스의 작품은 사실에만 관계하지만 자신의 작품은 적절성에 관계한다고 주장했다. 그리고 이것은 타당한 주장으로 보일 것이다. 또, 어떠한 경우들에서는, 신들에 관한 전설에서 그렇듯, 우리가 사실을 쉽게 믿는 것과 우리가 적절성에 대해 지각하는 것이 조롱받는다. 하지만 전통에 호소하는 일이 남아 있다. 서술은 사실에 대한 개선도 아니고 사실에 들어맞지도 않고, 크세노파네스가 그러한 서술들에 대해 말하는 모든 것일 수도 있다. 그럼에도 우리는 전통적인

---

1) 여기에 제시된 번역은 부처의 번역과는 독립적이다.

설명에 순응함으로써 해명한다. 하지만 또한 적절성에 대한 호소가 진전될 수 없을 때에, 옛날의 관습이 우리를 변호할 수 있다. 예컨대, "창들은 창날을 위로 한 채 세워져 있었다"라는 『일리아스』(10권 152행)의 무기들에 대한 서술이 그렇다. 그러한 것은 당시 흔한 관행이었고, 오늘날 일뤼리아 인들 사이에 그러한 것이 남아 있다. (25장 1460b 31~1461a 4)

아리스토텔레스는 여기에서 작가가 기술한 장면들이 그들의 제한된 경험을 벗어나 있어 못마땅하다고 여기는 흠 잡기 좋아하는 비평가들을 다루고 있다. 다른 곳에서, 그는 그들이 불가능하다는 이유로 못마땅하게 여기는 점들을 같은 방식으로 방어한다. 창작에 의한 삶의 표현은 적절성이나 전통적인 의견을 근거로, 말 그대로 옮기면 "그렇게 하는 것이 더 낫거나 사람들의 의견에 일치하기 때문에" 정당화될 수 있다. 아리스토텔레스는 우리에게 말한다. 불가능하다는 반론이 제욱시스의 그림에 대해 제기되었지만, 이 화가는 그의 작품이 현실보다 우월하고, 화가의 모델은 보통의 경험을 초월해야 한다고(또는 화가는 모델을 향상시켜야 한다고) 주장했다(25장 1461b 9).

이러한 진술로부터 부처는 다음의 가르침을 뽑아낸다.

유기적인 삶의 일반적인 움직임은 '더 나은 것'으로 진행함의 일부이고, 여기에서 여러 부분들이 전체의 좋음을 위해 함께 작동한다. 예술가는 자신의 모방 세계에서 그러한 움직임을 보다 완벽하게 완성하는 데로 이끈다. 그의 예술 창작물들은 자연이 그은 이상적인 선들의 틀에서 짜 맞춰진다. 그는 자연의 암시, 자연의 안내를 따른다. 그는 또한 현실보다 더 나은 어떤 것을 겨냥한다. 그는 새로운 것을 산출한다. 경험의 실제적인 사물이 아니라, 실재의 모상(模像)이 아니라, '더 나은' 또는 더 높은 단계의 실재를 산출한다── "왜냐하면 이상적인 유형은 현실의 유형을 능가해야 하기 때문이다." 이상적인 것이 현실적인 것보다 더 낫다. (152쪽)

하지만, 예술가는, 아리스토텔레스에 따르면, 삶을 그것이 있어야 할 모습대로 묘사할 수도 있고, 그렇지 않을 수도 있다. 다른 경로들이 그에게 열려 있다. 사실, 흉내가 이상적인 것을 겨냥한다는 것은 사실이다. 그러나 묘사는 그렇지 않다. 열망뿐만 아니라 사실이나 의견이 예술가의 안내자일 수 있다. '이상적인 유형은 현실의 유형을 능가해야 한다'는 표현으로써 부처는 제욱시스를 지지하여 인용된 주장──화가의 작품은 경험을 향상시켜야 한다는 주장──을 다시 표현하고 있다. 관련된 구절 전체를 다음과 같이 옮겨 보는 편이 낫겠다.

불가능하다는 비난은 일반적으로 창작적인 효과, 인간의 여러 가지 열망, 또는 전통적인 설명에 비추어 검토되어야 한다. 창작적인 효과의 면에서 본다면, 이야기가 가능성이 없더라도 믿을 만한 것인 경우가 그 반대의 경우보다 더 낫다. 다른 한편, 제욱시스가 그린 그림들처럼, 인물들이 실물 그대로가 아니라고 비판할 수도 있다. 하지만 우리는 그러한 창조물들이 실물을 능가한다고 대답할 수 있다. 왜냐하면 그러한 유형의 작품 속에서 모델 자체의 탁월성이 드러나야 하기 때문이다. (25장 1461b 9~13)

예술이 실물[삶]을 능가해야 한다는 진술은 제욱시스나 비슷한 양식을 사용했던 화가들에만 적용될 수 있다. 왜냐하면 아리스토텔레스는 『창작술』의 앞부분에서 예술가들이 그런 면에서 다음과 같이 가지각색이라고 우리에게 말하기 때문이다.

폴뤼그노토스는 우월한 유형의 모델들을 선택했지만, 파우손은 열등한 것들을 선택했다. 반면에 디오뉘시오스는 평균적인 개인들을 묘사했다. 분명히, 각 양식의 문학적인 묘사도 이와 같은 구별을 보일 것이고, 그 자체가 의거한 모델들이 위에서 구별한 범주들 중 하나에 속하는 한에서 독립적인 장르가 될 것이다. (2장 1448a 5~9)

키케로와 플리니우스가 여성미의 이상을 산출하기 위해 여러 명의 모델들을 선별적으로 이용했다고 전하는 화가가 바로 제욱시스였다는 점도 기억해 둘 만한 가치가 있다. 이 경우, 예술가의 작품이 지닌 우월성은 계산된 선별에 기인했지, 부처의 해석이 암시하듯 상상력을 발휘하여 자연의 목적을 통찰한 데에 기인하지 않았다. 사실, 부처는 아리스토텔레스와 헤겔을 일치시키려고 노력하고 있다. 우리는 이 점을 그가 아리스토텔레스에게 예술 작품은 "인간 삶——성격, 감정, 행동——을 감각에 드러난 형태로 이상화하여 재현한 것"이라는 견해를 귀속시킬 때 더욱더 의식하게 된다.

하지만 아리스토텔레스에서 예술 작품과 이것이 향한 대중의 경험 사이에는 본질적인 대응이 있다. 물론 개인들의 경험은 다양하다. 그리고 아리스토텔레스는 자신의 미메시스 개념이 더 높거나 낮은 유형의 성격들, 더 고양되거나 덜 고양된 수준의 행동들, 상이한 유행이나 지역적인 관습들, 다양한 전통들, 그리고—상황들에 의해 정당화될 수도 있고 그렇지 않을 수도 있는 중요하지 않은 세부 사실들에서 일어나는—실제적인 과오들뿐만 아니라 이에 대한 어긋나는 보고들을 고려한다는 점을 지적하려고 애쓴다(25장 1460b 15). 따라서 예술은 개별적인 경험이 아니라 일반적인 경험에 관계하므로, 그것은 개별적인 경험이 아니라 일반적인 경험에서 소재를 선택한다. 그리고 이러한 관점에서 그것은 역사보다 더 철학적이고 더 높은 단계의 연구라는 점을 보인다(9장 1451b 5). 왜냐하면 그것은 상황의 특정한 결합들이 아니라 그것의 **가능한** 결합들을 주시하기 때문이다. 그리고 우리가 『형이상학』에서 보았듯이, 아리스토텔레스는 특수한 경험을 통해 일반성들에 도달할 수 있는 능력을 철학적 능력의 본질로 여겼다. 정말로, 이렇게 본 예술은 귀납 능력과 연역 능력을 결합하는 것처럼 보인다. 왜냐하면 특수한 것들에 대한 관찰은 예술가를 일반적인 가능성에 관한 일정한 결론들로 이끄는 반면에—이것은 귀납이다—그의 실제 작품은 귀납적 일반화에 바탕을 두고 개연성이 있다고 연역해 낸 특수한 가능성이기 때문이다.

그럼에도 예술과 경험의 관계는 모든 곳에서 강조된다. 그 관계는 형식의 관계, 즉 차이성 속에 있는 다양성의 사례이다. 미메시스는 외적 형식의 원리이고, 이는 작품의 크기와 균형, 작품 부분들의 배치에 함축된 내적인 형식의 원리에 상응한다(7장 1451a 3, 1450b 23). 만일 이것이 『창작술』에 나타난 아리스토텔레스의 미메시스 개념이라면, 왜 그는 우리가 '흉내'라는 말로 해석하는 다른 종류의 미메시스를 지적하며 주제에 관련된 언급을 시작하는가? 문제는 『창작술』이 몇 가지 점에서 그것이 처음에 주장된 것, 즉 창작에 관한 논문이길 바라는지, 아니면 플라톤이 『국가』 10권에서 내놓은 도전에 대해 논쟁의 방식으로 대답하는 형태를 띤 것인지 분명하지 않다는 것이다. 흉내의 측면에서 이루어지는 미메시스 능력에 대한 언급은 분명히 플라톤을 염두에 두고 한 것이다. 플라톤은 모방적이라는 이유로 창작[시]을 비난했다. 아리스토텔레스는 미메시스가 반드시 나쁜 것은 아니라고 주장한다. 그리고 편견을 처리하기 위해, 그는 먼저 그것이 명백하게 지닌 한 가지 좋은 측면 —— 인간이 지닌 대부분 기술들의 습득을 조장하는 흉내 본능 —— 을 가려낸다. 만일 이런 종류의 미메시스가 좋다면, '묘사'의 의미를 지닌 창작적인 미메시스라는 보다 더 복잡한 종류는 말할 것도 없다. 이 말과 이것과 어원이 같은 말들 속에 가치를 떨어뜨리는 의미는 들어 있지 않다. 그리고 어떤 경우든, 아리스토텔레스는 플라톤이 주로 미메시스[재현] 예술가를 모독하면서 끌어들였던 이데아론을 믿지 않았다.

이와 동시에, '묘사'라는 번역을 보장하는 형태적인, 지적인 과정을 지시하기 위해 아리스토텔레스가 미메시스와 관련된 어휘들을 절대적으로 일관성 있게 사용하는 것은 아니다. 우리는 이미 'mimeisthai'라는 말의 특히 그리스적인 세번째 적용을 언급했다. 이는 작품 낭독과 음악 및 무용 공연들에 적용되었다. 스위스 학자 H. 콜러는 자신의 책 『고대의 미메시스』에서 그 말이 지닌 이런 의미를 아주 강하게 강조했다. 아리스토텔레스 자신도 그런 구별을 확실히 의식했다. 그리고 『창작술』의 처음 부분(1장 1447a 22)에서 그는 리듬, 언어, 선율을 통해 삶을 재현하는 예술들[무형 예술]을 분류하고, 이것들을 조심스럽게 형태와 색채를 이용하는 유형 예술들로부터 격리시킨다. 그는 리듬만으로도 —— 춤에서 그렇듯이 ── 소리의 도움 없이 심정, 감정, 행동을 모방할 수 있다고 덧붙인다. 그리고 이러한 재현들과 유형 예술들의 재현들 간의 구별은『정치학』(8권 5장 1340a 35)에서 보다 선명하게 이루어진다. 그곳에서 그는 회화에서 성격은 감각 인상들을 통해 간접적으로 재현되지만, 음악에서 그것은 직접적으로 재현된다고 주장한다. 리듬과 선율은 듣는 사람에서 분노와 온유, 용기와 절제를 이것들에 반대되는 대응 성질들과 더불어 재생한다(8권 5장 1340a 19). 이 가운데 어떤 것도 아주 분명하게 표현되어 있지는 않지만, 아리스토텔레스가 의도하는 바가 무엇인지를 알기란 어렵지 않다. 유형 예술들은 감각 기관들에 더 많이 기댄다. 이 기관들은 우리의 경험에 대한 (반드시 가장 강력한 것은 아니지만) **가장 선명한** 인상을 제공하는 한에서 우리의 이성적 능력들에 봉사한다. 무상한 유동적 본성 때문에 연구와 분석을 허용하지 않는 무형 예술들은 오히려 우리의 신경에 작용하고, 그것들이 우리의 마음속에 재생하는 감정 효과들을 뇌에 구애 없이 성취한다. 깊이 분석해 보면, 가장 형태적인 유형의 가사 없는 음악조차도 아마도 삶에 대한 우리의 경험과 맺는 잠재의식적 관계를 통해 효과를 발휘하는 것으로 드러날 수 있을 것이다. 그런 음악과 회화적 미메시스 간의 차이는 이성적 능력과 비이성적 능력 간의 차이이다. 더욱이, 일정한 리듬이나 선율, 일정한 소리, 음정은 듣는 사람에게서 근육의 긴장이나 이완을 산출하는데, 이는 아주 다양한 외부의 감각 인상들에 의해 똑같이 산출될 수 있을 것이다. 음악의 효과는 정말로 삶의 경험을 재생산하지만, 그것은 이를 신경과 근육의 수준에서[2] 내부적으로 재생산할

---

2) 아마도 또한 선(腺)의 수준에서.

것이다. 반면에 회화는 사유를 산출하는 상황을 만들어 내고, 이 사유는 궁극적으로 신경이나 근육의 반응을 산출한다. 간접적인 방법은 보다 선명하고, 직접적인 방법은 보다 강력하다.

마지막으로 살펴본 점들은 자연스럽게 우리를 미메시스 문제로부터 리듬 문제로 이끈다. 이 동일한 현상에서 이성적이고도 비이성적인, 의식적이고도 잠재의식적인 측면을 발견할 수 있는지 보자. 『창작술』은 리듬에 관한 아리스토텔레스의 견해에 대해 우리에게 말해 주는 바가 거의 없다. 이 주제에 관한 보다 긴 진술을 찾으려면 『연설술』을 참고할 수밖에 없다.

연설의 언어적 표현은 한편으로는 운율적이지 않고 다른 한편으로는 리듬이 없지도 않다. 운율은 설득력이 없다. 그것은 너무나도 명백하게 인위적이다. 이와 동시에 그것은 우리가 그것의 반응들에 주의하고 그것의 재발들을 예감한다는 의미에서 비이성적인 호소를 발휘한다(말 그대로 옮기자면 '일탈을 산출한다'). …… 리듬이 없는 것은 한정되지 않은 것이다. 그래서 [연설의] 언어적 표현은 한정된 것이어야 한다 ─ 그러나 이는 운율에 의해 결정되어서는 안 된다. 한정되지 않은 것은 감식력에도 지성에도 끌리지 않는다. 모든 현상들은 수에 의해 한정되고, 리듬은 언어적 표현의 형태가 보이는 수적인 측면이다. 운율은 이로부터 분리될 수 있는 요소이다. 따라서 연설은 운율이 아니라 리듬을 가져야 한다. 왜냐하면 운율은 그것을 시로 만들 것이기 때문이다. 리듬조차도 너무 정확해서는 안 된다. 그것은 어느 지점까지만 허용될 수 있다. (『연설술』 3권 8장 1408b 21~32)

우리는 이미 무형 매체 예술들에 있는 리듬과 유형 매체들에 있는 형태 간의 대응을 주목했다. 소리와 리듬은 경험에 대한 어떠한 이성적 반응과도 독립적으로 정신적 성향들을 재생산한다. 하지만 위의 구절에서 리듬은 거의 형태와 동일한 것으로 나타난다. 그리고 우리는 이에 놀라지 말아야 한다. 왜냐하면 아리스토텔레스는 『형이상학』(1권 4장 985b 13)에서 실제로 형태와 리듬을 동일시하기 때문이다. 그곳에서 데모크리토스와 레우키포스의 원자론이 논의되고 있고, 아리스토텔레스는 이 초기 철학자들의 이상한 이오니아 방언을 당대의 아테네인들이 이해할 만한 말로 설명하는 데 관심을 갖는다. 그 이오니아인들의 이론에 따르면 원자들은 세 가지 측면 ── 모양, 순서, 놓임새 ── 에서 차이난다. 모양에 해당하는 이오니아 말은 'rhysmos'(아테네 말로 rhythmos)이다. 아리스토텔레스는 이것이 'schēma', 즉 일상적인 아테네 말이 의미하는 형태라고 밝힌다. 이렇듯 형태의 동의어로 규정된 리듬은 분명히 이성적인 요소이다. 이 개념은 특히 그리스적이다. 왜냐하면 오늘날 서구 유럽의 용법은 리듬의 비이성적인 측면들을 강조하는 경향이 있기 때문이다. 불확실하지만 늦은 시기의 음악이론가 아리스테이데스 퀸틸리아누스는 다음과 같이 쓴다.

리듬의 의미는 세 가지이다. 그것은 조각상이 우아한 리듬[형태]을 드러낼 수 있다는 의미에서 움직이지 않는 물체들 안에 존재한다고 말해진다. 둘째, 그것은 움직이는 물체들에 속한다. 그래서 우리는 어떤 사람들이 리듬 있게[율동적으로] 걷고 있다고 기술한다. 하지만 그 말은 특히 소리에 적용된다. 이것이 여기에서 우리가 관심을 갖는 측면이다. 음들을 단순히 불규칙한 진행 상태로 모으는 것은 음악적 구성에서 어떠한 강조도 빼앗을 것이고, 우리의 정신을 당혹스럽게 만들 것이다. 그러나 리듬 있는 구조는 시간을 할당하고 우리의 지성에 정돈된 자극을 가함으로써 선율의 힘을 선명하게 만든다.[3]

이렇게 리듬을 형태적 질서 및 조절과 동일시하는 것이 그리스 언어사 전체를 통해 지속한다는 점을 주목하는 것은 흥미롭다. 이렇듯 비잔틴 시대에서 'idiorhythma'라는 그리스어는 수도승들이 각자의 규칙을 따르면서 고립된 채로 사는 형태의 수도원을 가리키는데, 이는 공동의 규율이 강하게 강요되는 'koinobia'와 구별된다. 현대 그리스어에서 'rhythmos'는 건축물의 고전적 질서에 적용될 뿐만 아니라 건축 양식 일반에 대해서도 쓰인다(예를 들어, '고딕 리듬[형태]'). 그런데, 이런 이성적인, 형태적인 리듬 개념은 서구 유럽의 관념에 낯설 뿐만 아니라 심지어는 해당 주제에 관한 몇몇 작가들을 자극하여 경멸적인 거부감에 이르게 한다. 이에 대한 예를 들어 보자.

리듬은 단순히 시간이나 박자가 아니다. 사람들이 흔히 가장 리듬 있는 음악으로 많이 생각하는 재즈는 전혀 리듬이 있지 않고, 엄격한 박자만 있을 뿐이다. 진정한 리듬은 인체의 맥박이 지닌 근본적인 규칙성을 갖지만, 맥박의 재빠른 반응적인 가변성을 갖기도 한다. 그것은 메트로놈의 기계적으로 정확한 박자를 갖지 않는다.[4]

---

3) R. Westphal, *Die Fragmente und die Lehrsätze der Griechischen Rhythmiker*, Leipzig : B.G. Teubner 1861, 47쪽에서 번역함.
4) E. Blom, "Performance and Listening", *The Musical Companion*, London 1934.

윗글의 작가는 시간과 규칙성의 원리를 인정하면서도 가변성의 원리를 주장하는 데 관심을 갖는다. 그리고 박자[운율]는 (아리스토텔레스가 그렇게 파악하듯이) 리듬의 한 측면으로서 포함되는 것과는 거리가 멀고, 거의 리듬에 대조되는 것으로 나타난다. 이러한 언급들의 주제는 음악의 리듬이지만, 어느 작가는 창작에 대해서 상당히 같은 어조로 리듬의 본성을 논한다.

> (창작적인) 리듬에 대한 한 가지 오해로 …… 솜씨 좋게 그리고 너무나도 배타적으로 그것을 다른 종류의 리듬들 ── 예를 들어, 심장의 박동, 걸을 때의 팔다리 동작, 낮과 밤 및 계절의 교대, 달이 지구 둘레를 돎, 지구가 태양 둘레를 돎 등 ── 에 연결시키는 오해가 있다.[5]

이 작가는 나아가 리듬에 대한 그러한 잘못된 설명들이 '진짜 강세'를 빠뜨린다는 점을 주목한다. 엄격한 운율에 반항하는 다양성의 원리로 리듬을 파악한다는 점이 이전의 인용문에서보다 훨씬 더 강하게 부각된다. 하지만 그리스의 리듬관은 순수하게 형태적이고 이성적이지 않았다. 그리고 그것은 우리가 소홀하고 비난하는 경향이 있는 측면을 강조했지만, 우리가 강조하는 측면들을 전적으로 무시하거나 비난하지는 않았다. 이 점은 『연설술』에 나타난 리듬에 대한 아리스토텔레스의 설명에 풍부하게 드러나 있다. 그는 그곳에서 청중들에서 비이성적인 들뜸을 부추기려면 ── 즉, '일탈'을 산출하려면 ── 어느 정도 리듬이 필요하다고 진술

---

5) H. Coombes, *Literature and Criticism*, Chatto and Windus 1953.

한다(3권 8장 1408b 35). 운율은 그것이 지닌 비이성적인 잠재성이 너무 나도 크기 때문에 피해야 한다(3권 8장 1408b 22). 하지만 여기에서 우리 는 어려움에 직면한 것처럼 보인다. 왜냐하면 우리는 거의 동시에 운율이 너무 인위적 또는 기계적이라는 말을 듣기 때문이다. 동일한 실행[운율] 에다 극단적인 계산과 열정을 모두 귀속시키는 진술을 우리는 어떻게 해 석해야 하는가? 다음의 물음은 우리의 문제를 간결하게 요약해 준다. 어 떻게 두 가지 파악이, 하나는 본질적으로 이성적이고 다른 하나는 비이성 적인데도, '리듬'이라는 하나의 낱말에 연결될 수 있는가? 아리스토텔레 스는 리듬과 운율의 비이성적인 내용을 인정하면서도, 그것의 형태적인, 이성적인 측면들에 훨씬 더 명시적으로 관심을 갖는다. 그래서 우리가 갈 최선의 길은 리듬 안의 비이성적인 요소들이 대조나 추리에 의해 드러날 것이라고 희망하면서 형태에 관한 그의 견해를 검토하는 것일 것이다.

형태에 관한 아리스토텔레스의 생각은 일차적으로 부분과 전체, 통 일체와 요소 개념에 의존한다. 이러한 견해에 대한 가장 단순한 진술은 그리스 도시국가의 구성이 논의되고 있는 『정치학』의 구절에 나타난다. 그는 말한다.

연맹(또는 동맹)과 도시는 다르다. 앞의 것은 수적인 힘의 문제이고, 지 금 그렇듯이 동질적이다. 그것은 오로지 원조를 위해 일종의 균형추로 서 존재한다. 그러나 통일체[도시]의 요소들은 이질적이어야 한다. (2권 2장 1261a 24~29)

『창작술』에서 극의 형태는 시작, 중간, 끝의 3부로 구성된 것으로서 파악된다. 여기에서 각각의 부분은 여타 부분과 질적으로 다르다(이는 도시 안의 다양한 사회적인 요소들이 서로 다른 것과 마찬가지다). 그래서 시작은 원인이 없지 않아야 하고, 끝은 결과가 없지 않아야 한다. 반면에 중간에는 원인과 결과가 모두 있어야 한다. 이래야 전체는 응집력이 있게 되고, 이와 동시에 그것의 부분들이 지닌 바로 그 본성에 의해 분리되어 있다. 그래서 아리스토텔레스는 나아가 다음과 같이 주장하게 된다.

> (극의 행동을 이루는) 부분들은 그것들을 옮겨 놓거나 빼 버리면 전체가 변형되고 뒤죽박죽이 되는 결과를 빚을 만큼 밀접하게 응집해야 한다. 왜냐하면 주어져 있더라도 전체의 정의(定義)에 공헌하지 않는 요소라면 전체의 일부를 구성하지 않기 때문이다. (8장 1451a 30~35)

하지만 같은 맥락에서(7장 1450b 34), 형태에 관한 원리가 추가적으로 선언된다. 형태는 우리의 정신이 그것을 쉽게 수용할 수 있도록, 우리의 감각 능력들이 명하는 정도의 크기를 가져야 한다. 이렇게 해서, 우리는 아름다운 대상은 눈이 쉽게 응할 수 있는 적절한 크기의 것이고, 이와 마찬가지로 이야기는 기억력이 쉽게 붙들고 있을 만한 길이의 것이어야 한다는 진술(7장 1451a 4)에 접한다. 정말로, 전체의 크기는 부분들의 배치처럼, 작품의 정의에 이바지해야 한다(8장 1451a 35). 이러한 형태적 조건들이 충족되는 한에서, 우리는 '클수록 더 좋다'는 규칙을 적용할 수 있다(7장 1451a 9). 이와 같은 원칙은 『연설술』에도 기술되어 있다. 그곳에서 아리스토텔레스는 산문에서 좋은 페리오도스[완결문]가 지닌 특성을 규정한다.

페리오도스란 그 자체로 시작과 끝을 갖는 것, 그리고 한눈에 들어올 정도를 뜻한다. (3권 9장 1409b 1)

다시 말해, 시작과 끝의 위치는 크기뿐만 아니라 내용에 따라 정해져야 한다. 왜냐하면 그러한 것이 '그 자체로'라는 말의 의미이기 때문이다. 그 한계들은 단지 외적인 우연성에 의해 부과되지 않는다. 그것들은 페리오도스 자체의 불가결한 부분들이다. 그러한 페리오도스가 형태적으로 볼 때 페리오도스 양식보다 느슨했던 산문 양식 종류보다 선호할 만하다.

여기에서 아리스토텔레스의 언급들은 그가 『형이상학』(13권 3장 1078b 2)에서 형태에 관해 논의했던 것과 관련하여 이해되어야 한다. 그곳에서 '한계'(limit)라는 말은 크기와 동일시되고, 균형(symmetria)은 부분들의 상호관계와 그것들의 전체 내에서의 조직에 관계한다. 한 작품의 크기는 우리의 감각이나 기억력에 의해 결정될 뿐만 아니라, 기능에 의해 규정되기도 한다. 이 점은 『창작술』에서도 분명하게 드러난다.

한 작품의 규모는 그것이 주인공이 불운에서 행운으로 또는 행운에서 불운으로 옮겨 갈 때 따르는 개연적인 또는 필연적인 단계들을 고려할 때 적절하게 결정될 것이다. (7장 1451a 12~15)

균형은 주로 선행하는 것에 달려 있는 것처럼 보이고, 그 자체로 크기 ── 전체의 크기가 아니라 부분의 크기 ── 문제를 함축한다. 왜냐하면 한 부분의 크기는 다른 부분의 크기에 관련하여 기대를 일으키기 때문이다. 아리스토텔레스가 주목하듯이, 우리는 운문의 운율에서 반복을 기대한다. 그리고 선행하는 양은 물리적 통일체와 사회적 통일체에서 작동한다. 그는 『정치학』에서 공동체 내에서 발생하는 위험한 성장에 대해 다음과 같이 쓴다.

> 신체는 부분들로 구성되어 있고, 그것의 발육은 균형이 요구하는 것들에 따라야 한다. 그렇지 않으면, 그것은 두 뼘의 몸통에 열 척 길이의 다리가 달린 경우처럼 망가진다. 어떤 경우들에서 생물체는 양적으로 균형을 잃은 발육 때문에 제 본성에서 벗어나 다른 것의 본성으로 변형되기 쉽다. 마찬가지로 도시도 부분들로 구성되어 있기 때문에,……(5권 2장 1302b 35~1303a 1)

하지만, 우리가 리듬 개념과 연결된 그러한 형태적 파악으로부터 그 말에 내재된 비유로 눈길을 돌린다면, 그 의미의 범위가 완전하게 분명해진다. 리듬[rhythmos]은 '흐름'을 의미하고, 그것은 '흐르다'를 뜻하는 동사[rhein]로부터 유래한다. 리듬의 이러한 측면을 슈뢰더는 독일의 고전학 잡지 『헤르메스』에[6] 연구해 놓았다. 슈뢰더는 인간 혼을 변화하는 운명의 큰 물결 속에서 동요하는 것으로서 묘사하는 아르킬로코스[파로스 출신의 그리스 서정시인, 기원전 7세기]의 조각글을 검토한다. 여기에 인간 삶의 리듬과 파도의 리듬 간에 선명한 유비가 있다. 하지만 리듬은 단순히 오르내림의 문제일 뿐만 아니라 흐름과 방향의 문제이기도 하다. 그리스어에서 그 말은 때로는 단순히 파도의 오르내림에 적용되는 것처럼 보이지

---

6) O. Schröder, "Rhythmos", in *Hermes* 53(1918), 324쪽.

만, 사실 그리스인들은 바다를 강처럼 여겼고, 보스포로스 해협도 이와 비슷하게 여겼다. 그리스 작가들이 이런 바다의 '흐름'을 언급할 때, 그들은 굽이침뿐만 아니라 흐름을 생각하고 있고, 리듬에 대한 그리스인들의 개념은 교대와 연결된 흐름, 변화와 연결된 연속의 개념이다.

이제 리듬 개념이 형태 개념과 어떻게 비슷하기도 하고 비슷하지 않기도 하는지 볼 수 있게 되었다. 리듬을 구성하는 단위들에는 규칙성과 비율이 있다. 파도의 물마루와 물골은 혼란된 수준의 양쪽에 있는 균형 잡힌 편차를 나타낸다. 그러나 비유는 강에 대한 것이지 바다가 아니다. 그리고 강의 끝 지점들, 즉 원천과 강어귀는 모두 보이지 않는다. 부분들의 크기와 겉보기에 무한한 전체의 크기 사이에는 비율이 없다. 리듬은 '두 뼘의 몸통에 달린 열 척 길이의 다리'와도 같다. 또한 우리는 강 전체를 지도상에서 주변 지역의 특징들로부터 선명하게 차이나는——다시 말해 형태적으로 전체로서 구별되는——구불구불한 선으로 여길 수 있다. 그러나 우리가 부분들을 살펴볼 때 전체가 무한한 것처럼 보이듯이, 부분들, 즉 낱낱의 파동들도 우리가 전체를 주목해 볼 때 극소인 것처럼 보인다. 부분과 전체 사이에 어떠한 비율 관계도 없다. 이런 방식으로 연속물은 많은 형태적 특징을 가지면서도 형태와 다르다. 연속물은 한 가지 요소가 부족한 형태이다.

이제, 누구나 연속물이 최면적이라는 점을 안다. 양을 세는 것은 옛날부터 내려온 불면증 치료법이다. 우리의 이성적 능력들은 연속물의 형태적인 이성적인 측면들에 의해 사로잡히고, 일단 사로잡히면 기가 꺾이고 무력하게 되는 것처럼 보일 것이다. 연속물과 리듬의 최면적인 힘과 아리스토텔레스의 '놀람'(wonder)이 지닌 어리둥절하게 하는 효과 사이에 유사한 점이 있다. 각각의 경우에서 이성은 우리를 어리둥절함 속으로 이끌지만, 리듬과 연속물에서는 효과가 잠재의식적으로 성취되어서, 이성적인 능력들이 먼저 자극되는 느낌이 없이 마춰와 최면의 느낌이 직접적으로 이루어진다. 어떻게 아리스토텔레스에서 놀람이 (미메시스를 포함하여) 형상과 관련되어 있고, '일탈'(ecstasy)과 '신들림'(enthusiasm)이 리듬의 효과들에 의해 산출되는지를 보기란 쉽다. 이와 동시에 우리는 이제 어떻게 아리스토텔레스가 운율을 최면적이고 '신들리게 하는' (enthusiastic) 것일 뿐만 아니라 인위적이고 계산적인 것으로서 여기는지 설명할 수 있다. 길고 짧은 또는 강하고 약한 음절들의 순간적인 변동은 최면 효과를 일으키는, 리듬의 굽이치고 오르내리는 양상을 나타낸다. 서사시에서 행(行)의 형태로 운율 형식이 반복되는 것은 계속 움직이는 표면에서 규칙적인 진동들이 연속적으로 이어지는 것에 비교될 만한 연속물로 귀착한다. 그 자체로 행 단위는 음절 단위처럼 비이성적이고 최면적인 요소이다. 그러나 작은 시에서 행은 상당한 정도의 크기를 갖고, 이로써 그것은 이성적으로 파악되는 전체의 일부가 된다. 이렇게 해서 그것은 최면적 성분이 아니라 형태적 성분이 된다. 물론 이와 같은 규칙은 복잡한 운율 형식으로 구성된 넓은 연(聯)들이나 절(節)들에 훨씬 더 강력하게 적용된다. 그것들은 전체에 속한 셀 수 있는 인지할 수 있는 부분들이지, 전체의 표면 위에 있는 무수히 많은 잔물결들이 아니다. 아리스토텔레스가 운율은 "언어적 형태의 셀 수 있는 측면"이라고 우리에게 말할 때(『연설술』 3권 8장 1408b 28), 그는 분명히 운율이 지닌 건축학적 능력을 생각하고 있다.

『창작술』의 처음 부분(1장 1447a 15~29)에서 아리스토텔레스는 무형 예술들과 유형 예술들을 주의 깊게 구별한다. 앞의 것들은 리듬, 언어, 소리를 사용하는 반면에, 뒤의 것들은 색채와 형태를 매체로 사용한다. 여기에서 리듬은 형태적 힘으로 간주되지 않고, 이성적 형태에 날카롭게 대비되어, 동요하게 하고 어리둥절하게 하는 힘으로 간주된다. 사실, 그것이 지닌 바로 그 동요하게 하는, 계산할 수 없는 본성은 그것을 인간 '혼'(psychē)의 동요하는 기분들과 성향들을 재생하기 위한 자연스런 매체로 만든다. 창작은, 그리고 특히 극작은 정적인 매체와 동요하게 하는 매체의 중간에 서 있다. 그것이 갖는 음악과의 유사성들은 분명하고, 마찬가지로 그것이 우리의 마음속에 이미지들과 그림들을 산출하는 능력은 의문의 여지가 없다. 그러므로 아리스토텔레스는 그것을 리듬과 소리뿐만 아니라 미메시스 또는 재현에 바탕을 둔 것으로 여긴다. 다음의 물음이 자연스럽게 우리에게 일어난다. 우리가 방금 탐구한 운율과 리듬의 이성적인 측면들에 상응하여 유형 예술들의 형태성에 함축된 비이성적인 요소들이 있는가? 경험에 호소해 보면 우리는 즉시 '있다'라는 대답을 확보하게 될 것이다. 후대의 유럽 예술에서 회화가 지닌 최면적인 잠재성은 적지 않다. 명암과 색상의 선택에서의 동질성은 시간적 연속물과 리듬에 대한 공간적 등가물이다. 하지만 그리스인들은 몇 가지 색과 단순한 색채 효과들만을 사용했다. 그리고 그들이 현대 예술가가 하듯 그렇게 미묘하게 열정과 심정을 암시하거나 스며들게 할 능력이 있었는지 의심스럽다. 그럼에도, 그리스 조각에는 선의 리듬적 우아함이 있다. 이것은 음악적 리듬에 유사하고, 형태적 이성적 조화들과는 전혀 관계가 없다. 이와 비슷하게, 스케치에서, 예술가의 손동작은, 정확히 춤 동작이 그렇게 느껴지듯이, 그가 그린 선의 성질에서 느껴질 수도 있다. 유형 예술들이 지닌 그러한 측면들에서 우리는 비이성적 최면적 힘을 발견한다. 사실, 이러한 예술들은, 예술가의 근육에서 나오는 에너지가 그의 예술에서 느껴지는 한, 겉보기와 달리 그렇게 비활동적이지 않다. 회화와 조각이 지닌 이런 성질이 눈에 덜 띈다는 점을 아리스토텔레스도 간파했다. 『정치학』에서 그는 다음과 같이 관찰했다.

(청각 외의) 다른 감각의 대상들은 성격을 재현할 수 없다. 이것은 우리가 촉각과 미각을 살펴볼 때 아주 분명하다. 시각 경험에서, 형태들은 그러한 종류의 잠재성을 어느 정도 소유한다. 하지만 모든 사람이 그것을 느끼지는 않는다. (8권 5장 1340a 29~33)

그는 나아가 시각 예술들이 그러한 감정들의 현존을 나타내는 형태와 색채를 통해 간접적으로 감정을 전달한다고 말한다. 이것은 물론 다른 문제다. 모든 사람은 화난 몸짓이나 슬픈 몸짓의 의미를 이해한다. 그러나 아리스토텔레스가 음악의 감정적 잠재력에 비교될 만한 시각적 형태들의 감정적 잠재력을 말할 때——모든 사람이 그것을 느끼지는 않는다——아마도 그는 춤이나 노래의 흐름과 비슷한 섬세한 리듬감 있는 선(線)의 효과들을 생각하고 있을 것이다.

엘레우시스 부조(기원전 450년쯤), 아테네 고고학박물관 소장

7장_ 카타르시스

예술과 창작이 미메시스와 리듬의 측면에서 규정된 다음에 『창작술』이후 단계에서, 명백하게 우리가 비극 공연에서 누리는 즐거움이 귀속되는 '카타르시스' 또는 정화라는 형태에서 새로운 개념으로 이끌리는 일은 당황스럽다. 우리가 불완전한 『정치학』의 8권을 갖고 있지 않다 하더라도 그 용어는 언뜻 보기에 비극에 특유한 기능뿐만 아니라 창작과 예술 전반에 관한 이론에서 근본 개념을 대표하는 것처럼 보인다. 왜냐하면 그것이 비극에 특유하다고 받아들인다면, 우리는 당연히 다른 유사한 용어들을 사용해서 희극 및 여타 장르들과의 차별화를 기대하게 될 것이지만, 아리스토텔레스에서 그러한 용어들은 발견되지 않기 때문이다. 그런데, 비극의 카타르시스를 일으키는 동정과 두려움은 분명히 비극에 속한 종차로 나타난다. 그리고 그것들은 다른 장르의 창작 예술들에서 다른 감정을 통해 일어날 법한 카타르시스를 암시하는 것처럼 보인다. 더욱이, 『정치학』의 관련 구절은 카타르시스가 아리스토텔레스에 의해 극의 실행에 속한 특유성으로 파악되지 않고, 일정 유형의 음악들이 지닌 공공연한 기능이기도 했다는 꽤나 결정적인 증거이다. 카타르시스의 목적이 어떤 특정 종류의 음악에만 귀속될 수 있었다는 사실은 그것이 이와 비슷하게 특정 종류의 창작에만 귀속될 수 있었을 것이라는 생각으로 우리를 이끌지도 모른다. 그럼에도, 음악과 극처럼 선명하게 구별될 수 있는 두 영역에서 나타나는 원리라면, 그것은 예술적 표현의 아주 폭넓은 영역에 깔린 충동들에 뿌리를 내리고 있는 것처럼 보인다. 하지만 아리스토텔레스는 이미 우리가 두 가지 근본 원리(미메시스와 리듬)를 마주 대하게 했고, 이에 근거하여 모든 음악과 문학 예술이 설명될 수 있는 것처럼 보인다. 카타르시스가 그 원리들을 의미 있는 방식으로 보완하는지, 아니면 그것이 군더더기 개념——아마도 폐기된 이론의 조각——일 뿐인지를 알아내는 일은 중요하다. 이와 동시에, 정화 또는 정제의 함축을 지닌 카타르시스와 같은 용어는 어느 정도 도덕적이거나 이성적인 개선을 암시한다. 이러한 것은 예술의 **목적**을 예술의 **과정**과 구별되는 것으로서 명시할 것이다. 이러한 구별을 우리는 플라톤의 미학 개념들을 살펴보면서 발견했다. 그리고 그것은 우리가 아리스토텔레스를 이해하는 데에서도 중요하다. 플라톤처럼, 아리스토텔레스는 창작이 지닌 최면적인 황홀케 하는 힘에 주의를 환기시킨다. 그리고 플라톤처럼 그는 이 힘이 도덕적이거나 이성적인 목적을 추구하면서 발휘되어야 한다고 주장하는 것처럼 보인다. 창작과 예술이 지닌 황홀케 하는 능력과 고양시키는 능력 간의 관계에 대해 플라톤은 전적으로 스스로 만족한 것처럼 보이지는 않는다. 철학이 잘 할 수 없는 무엇을 [문예] 창작은 할 수 있을까? 플라톤의 마음속에도 그런 의문이 들었다. 왜냐하면 그가 철학에 대해 가진 생각은 그가 아주 깊은 의미에서 '사랑에 빠져' 있었던 소크라테스의 인품과 불가분하게 연결되어 있었기 때문이다. 창작은 철학보다 열등한 종류의 사랑이었다. 그리고 아마도 곁에 소크라테스가 있는 사람은 창작과 예술을 필요로 하지 않는다는 점은 맞을 것이다. 하지만, 아리스토텔레스에게 소크라테스는 철학자 중 한 사람이었다. 아리스토텔레스는 더 분명한 사유와 덜 열렬한 본성 때문에 [플라톤처럼] 영웅숭배에 빠져들지 않았다. 바로 이러한 이유로 그는 어떻게 어떠한 상황들에서 작가가 [소크라테스 같은] 성인(聖人)을 유용하게 대체할 수 있는지를 이해하는 데에서 플라톤보다 더 나은 입장에 있었다.

아리스토텔레스가 『정치학』에서 음악에 대해 언급한 부분을 살펴보면서 출발하는 것이 가장 좋을 것이다. 독일학자 H. 바일(Weil)과 J. 베르나이스(Bernays)가 100년 전쯤에 그 구절을 주목하게 만든 이후로, 『창작술』에 지적된 카타르시스를 『정치학』을 언급함으로써 설명하는 것이 관례가 되었다. 하지만 아리스토텔레스는 사실 우리에게 『정치학』으로부터 『창작술』을 언급하고 있다는 점을 기억해 두어야 한다. 그리고 이것은 확실히 그 주제를 접근하는 올바른 순서이다. 더 나아가, 그리스 음악에 대해 우리가 가진 지식은 미미하다. 그리스 창작에 대해서는 그렇게 말할 수 없다. 그러므로 『창작술』로부터 『정치학』에 기술된 음악적인 카타르시스에 호소하는 것은 덜 포괄적인 것으로써 더 포괄적인 것을 해석하는 셈이 된다. 분명히, 이에 반대되는 절차를 선호할 만하다. 우리는 먼저 『정치학』으로부터 일정한 일반 관념들을 형성하고, 그 다음에 보다 선명한 정의를 위해 『창작술』을 참고해야 한다.

『정치학』(8권 5장 1339a 11)에서 음악에 관한 논의는 체육에 관한 논의에 이어진다. 이것은 아마도 두 가지 활동이 플라톤에 의해 『국가』에서 맞닿은 맥락에서 다뤄졌기 때문일 것이다. 아리스토텔레스는 음악에 할

당할 만한 다양한 용도들 또는 목적들에 관하여 숙고한다. 우리는 오락만을 위해 음악에 빠지는가? 아니면 음악은 체육이 신체를 형성하듯이 성격을 형성하면서 교육적인 목적을 위해 장려되어야 하는가? 아니면 그것은 진지하고 교양 있는 성인의 여가 시간을 차지하는 것인가? 아리스토텔레스는 그답게 삶은 한가한 오락을 위한 자리조차 갖는다는 점을 인정한다. 음악은 '잠, 음주, 그리고 음악'이란 표현에서 보듯 수수한 즐거움들과 가벼운 마음으로 연결된다. 우리는 이것을 우리 자신의 표현 '술, 여자, 노래'와 비교할 수 있을 것이다. 하지만, 음악은 그리스 교육의 핵심 부분이었다. 그리고 그렇게 가벼운 마음으로 접근한 활동은 어떤 것도 진지한 학교 공부에서 한 자리를 차지할 자격이 없었을 것이다. 현대의 어떤 교육학자들은 현명하게도 아리스토텔레스의 언급을 다음과 같은 맥락에서 주목할 것이다. 배움은 놀이가 아니다 ─ 배움은 고통스러운 것이다. 교과목에서 음악이 차지하는 자리가 보다 진지하고 성숙한 여가활동을 위한 훈련으로서 정당화될 수도 없다. 왜냐하면 그러한 목적을 위한 기술적 교육은 불필요하기 때문이다. 페르시아 왕들과 스파르타 인들은 음악적 기술에 대한 지식이 없고 직접 연주하기를 꺼려했지만 모두 음악을 음미할 줄 아는 것으로 유명했다. 따라서 음악이 교과목에 존속되어야 하느냐는 물음이 일어난다. 그리고 그것의 존속은 즐거움이 정당화될 때에만 정당화될 수 있다. 즐거움은 결국 긴장완화의 한 형태, 즉 수고와 고통으로부터의 해방이다. 물론, 인간 존재들이 즐거움을 목적 자체로 간주하지만, 긴장완화가 그러한 목적이 아닌 경우도 더러는 있다. 그럼에도, 그러한 태도가 완전하게 모순된 것은 아니다. 왜냐하면 즐거움은 어떤 방식으로 더 먼 곳의 목적(즉, 레크리에이션에 의해 우리를 회복시키고 재충전시키는 활동들에 함축된 목적)을 지지하는 당장의 목적으로 간주될 수 있기 때문이다. 그러나 즐거움만으로는 음악 교육을 충분하게 정당화하지 못한다. 음악은 보다 세련된 유형의 향유를 제공할 수 있고, 그러한 것으로서, 오락의 과정에서 성격에 영향을 미칠 수 있다.

우리는 이러한 관찰들을 따르는 구절을 이미 언급했다. 그곳에서 아리스토텔레스는 음악 예술과 회화 예술의 몇몇 차이점을 든다. 그 다음에 그리스 음악에서 사용된 다양한 선법들이나 소리들이 지닌 정서적 가치들에 대해 논의한다. 여기에서 카타르시스에 대한 중요한 언급이 나온다.

몇몇 철학자들이 윤리적인 선율, 행동을 촉구하는 선율, 최면적인(신들리게 하는) 선율을 구분하고, 이러한 다양한 유형들을 그것들 각각에 적합한 선법에 할당한 것을 받아들이면서, 음악은 그것이 산출할 수 있는 한 가지 효과가 아니라 여러 가지 효과에 비추어 평가되어야 한다는 점을 덧붙여 보자. 예를 들어, 음악은 정화의 목적과 교육의 목적에 이바지할 수 있다. 내친김에 우리가 사용하는 '정화'라는 용어는 『창작술』에서 보다 풍부하게 설명될 것이다. 더 나아가, 세번째 유형으로, 우리의 여가 시간을 차지할 수 있는 음악이 있는데, 이것은 휴식과 긴장완화를 제공한다. 각각의 목적이 허용될 수 있으므로, 적절하게 사용되기만한다면 모든 선법들이 도움이 된다. 다시 말해, 윤리적인 선법의 것들은 교육에서의 훈련들처럼 가치가 있지만, 행동을 촉구하거나 최면적인 선법의 것들은 우리가 그것들에 귀 기울일 수 있어도, 다른 대표자들에게 남겨 두어야 한다. 경우에 따라서는 병적이기도 한 정신 장해들은 정도의 차이가 있지만 우리 모두를 괴롭힌다. 이렇게 해서 우리는 정도가 덜한 경우에서는 동정과 두려움을 발견하고, 정도가 심한 경우에서는 병적 혼란들을 발견한다. 우리는 이러한 혼란들에 희생되는 사람들이 신성한 노래의 도취적인 긴장에 경청할 때, 마치 그들이 의술적으로 치료되고 변이 잘 통하게 되기라도 하듯, 회복되는 것을 본다. 바로 이와 같은 방식으로 동정, 두려움 등의 감정들은, 그것들이 우리 각자에게 영향을 주는 한, 음악에 의해 산출된 정화적인 효과와 즐거운 위안을 산출할 것이다. 실제로, 특별히 정화적인 목적을 지닌 선율들에서조차 무해한 즐거움의 요소가 들어 있다. (『정치학』8권 7장 1341b 32~1342a 16)

우리가 '병적 혼란들'로 옮긴 말은 그리스어로 'enthousiasmos'[신들림]이다. '최면적인' 선율들은 'enthousiastica'[신들리게 하는 것들]이다. 그리고 이로 보건대 신들림은 치료로 간주되기도 하고 병으로 간주되기도 한다는 점이 분명하다. 아리스토텔레스는 동종요법을 기술하고 있다. 동정과 두려움은 가벼운 형태의 정신 장해와 동일시되고, '신들림'은 보다 심각한 증세와 동일시되는 것처럼 보인다. 카타르시스에 대한 첫 언급은 '정화'로 번역되었으나, 더 나아가 의학적인 유비를 제시하기 위해 '변이 잘 통하게 된다'는 말이 사용되었다. 카타르시스에 내재된 비유가 의학적인지 아니면 종교적인지에 대해 수많은 논쟁이 있었다. 하지만 『정치학』의 구절로 보건대 아리스토텔레스는 그 말을 사용할 때 의학적인 유비와 종교적인 유비를 모두 의식했다. 가벼운 정도로 동정과 두려움의 감정을 겪는 사람들은 색다른 종교의식들 및 이와 연결된 신성한 노래들의 광포를 누린 난폭한 사람들과 대조된다. 이 사람들은 약을 먹음으로써 변이 잘 통하게 되어 신체 균형을 되찾는 환자들을 아리스토텔레스에게 생각나게 한다. 정말로, '카타르시스'라는 말의 역사는 두 가지 유비가 아리스토텔레스에게 나타났다는 점을 아주 자연스럽게 만들어 준다. 제관(祭官)들은 원래 치료를 자신들의 종교적인 역할과 연결시켰다. 그리고 그리스 의학이 이러한 반(牛) 종교적인 치료법과 독립적으로 전개되었다는 점은 사실이나, 그 단어가 가진 종교적이고도 학문적인 연상들은 의심할 여지없이 피타고라스의 교설에 융합되어 있었다. 그 용어는 또한 오르페우스와 엘레우시스의 비밀스런 의식들과 연결되어 사용되기도 했다. 그리고『파이돈』에 표명된 견해들을 고려한다면 그것은 앞의 것을 통해 아마도 소크라테스에게 영향을 주었을 것이다. 그곳에서 그 용어는 혼이 물질적인 생존의 구속으로부터 벗어나 있고, 그래서 숭고한 불멸에 들어갈 준비가 되어 있는 상태를 가리킨다(『파이돈』67b).

그런데, 그리스 음악에서, 어쩌면 모든 음악에서, 우리는 정신 안정이 의술적인 종교적인 유비에 나타난 일종의 최면을 통해 획득된다는 점을 이해해야 한다. 남은 물음은 어느 정도까지 이 유비가 수행될 수 있느냐는 것이다. 그것은 이를테면, 어떤 종류의 방출이나 분리를 함축하는가? 혼 안의 병적인 요소들은 어떠한 치유 과정에 의해 자연스럽게 방출되지만, 그것을 넘어서면 유비는 그다지 우리에게 도움을 주지 못한다. 현대 주석가들은 음악과 창작이 무해한 배출구를 감정에 제공함으로써 감정을 해방한다고 결론을 내렸다. 그리고 그 결과 아리스토텔레스는 바로 그러한 이론에 대한 책임을 떠맡게 되었다. 로엡 시리즈『정치학』의 편집자[H. 랙햄]는 한 각주에서 "『창작술』6장에서 비극은 동정과 두려움에 배출구를 제공함으로써 그런 감정들을 씻어 내는 것으로 말해진다"고까지 주장한다. 하지만『창작술』의 텍스트는 '배출구'란 말 또는 이와 비슷한 어떤 말을 보장하지 않는다. 그것은 그가 끼워 넣은 개념이다.

아리스토텔레스가 어떤 종류의 음악들을 배출구로 여겼다는 점은 사실이다. 그는 음악이, 딸랑이가 아기를 즐겁게 하는 것과 같이, 소년들을 악의 없이 지속적으로 사로잡을 수 있다고 주장한다(『정치학』 8권 6장 1340b 28). 젊은이들은 가만히 있질 못한다——이것은 플라톤의 『법률』을 되풀이한 것이다. 그리고 음악은 그들의 에너지에 정돈된 표현을 제공한다. 하지만, 아리스토텔레스는 이 구절에서 아이들의 교육만을 생각하고 있고, 그곳에서 음악 감상이 아니라 음악 연주가 언급되고 있다. 그가 그러한 생각을 교육과 연결시켜 진척시키고 있다는 사실은 바로 결론적으로 그것이 카타르시스에 대한 그의 생각에서 근본적인 요소가 아니었다는 점을 입증한다. 왜냐하면 『정치학』에서 카타르시스적인 음악은 교육적인 음악으로부터 날카롭게 구별되기 때문이다. 그것은 다른 선법과 다른 악기를 사용한다. 예를 들어, 플루트는 교육보다 카타르시스에 적합하다(6장 1341a 23). 그리고 플라톤은 프뤼기아 선법을 도리아 선법과 더불어 교육적인 것으로 분류했다는 비난을 받는다(7장 1342a 34. 『국가』 399a 참조). 그 선법은 실제로 카타르시스 효과를 일으키는 데에서 종교적인 음악이 사용하는 선법들처럼 자극적인 선법이다.

하지만 텍스트 연구에 근거한 고찰들과 별개로, 바로 병적인 열정들을 단순히 그것들을 [창작이나 예술로] 표현함으로써 몰아낼 수 있다는 생각은 심리학적으로 잘못된 것이다. 그리고 그러한 생각을 아리스토텔레스에 귀속시키는 것은 통찰력이 있는 심리학자였던 그를 기억해 볼 때 모욕이나 다름없다. S. H. 부처는 그 문제와 관련하여 아직도 폭넓게 수용되는 진술을 우리에게 제시한다.

플라톤이 극(劇)을 공격하면서 우리 자신이 겪는 여러 가지 재난 상황에서 통제된 채로 유지되는 '슬퍼하며 눈물을 흘리려는 자연스런 욕구'는 기꺼이 작가들에 의해 충족된다고 말했다는 점을 우리는 기억해야 한다. "창작은 열정들을 굶주리게 하지 않고 그것들에 음식과 물을 주며 살린다." 눈물을 자아내는 분위기를 통해 그것은 사내다운 기질을 연약하게 만든다. 그것은 낮은 단계의 요소들을 높은 단계의 요소보다 치켜세움으로써, 그리고 감정을 위해 이성을 쫓아냄으로써 혼 안에다 무질서 상태를 만든다. 아리스토텔레스는 혼의 감정적인 부분을 죽이거나 굶기는 것은 바람직하지 않고, 감정들의 통제된 탐닉은 우리 본성의 균형을 유지하는 데 도움을 준다고 주장했다. 그는 비극이 동정과 두려움이란 특수한 감정을 위한 배출구라고 말할 것이다. 우선, 비극의 효과가 진정시킴이 아니라 자극함이라는 점은 사실이다. 하지만 그것은 오로지 감정을 누그러뜨리기 위해서 그것을 자극한다. 인위적으로 유발된 동정과 두려움은 우리가 지닌 잠재적인 동정과 두려움을, 아니면 적어도 그것들 안에 있는 불안하게 하는 요소들을 실생활로부터 방출한다. 격정이 다한 후 따르는 즐거운 평온 속에서 감정의 치유가 일어난다. (245~46쪽)

그러나 부처가 여기에서 자신의 견해보다는 베르나이스의 견해를 해석하고 있다는 점을 즉시 주목해야 마땅하다. 그 자신은 동정과 두려움의 감정들이 방출된다기보다는 그것들이 변형되고, '더 높은, 더 세련된 형태로 변화된다'는 입장이다. 그는 의학적 카타르시스가, 잉여적이지 않지만 병적인 물질의 제거를 가리킨다——이런 제거 과정을 나타내기 위해 'kenōsis'[비움]란 말이 마련된다——는 점을 입증하기 위해 갈레노스[그리스 의사, 129~199]와 플라톤을 인용하기도 한다. 어떠한 정신치료 과정도 도덕적 기준들로부터 완전히 분리될 수 없지만, 카타르시스 과정은, 『정치학』에 기술되어 있듯이, 분명히 심리학적인 물음들을 제기한다. 그리고 부처의 용어는 어쩌면 도덕성의 냄새를 너무 많이 풍길지도 모른다. 그래서 그는 두려움은 동정과의 협력을 통해 "편협한 이기심의 옷을 벗는다"고 우리에게 말한다. 비극의 결과는 "고귀한 감정적인 만족"이다. 관객은 "보편적인 법칙과 세계에 대한 신성한 계획을 대면하게 된다." 시와 극에다 그러한 동기들을 부여하는 것은 시와 극을 종교 영역에 무단 침입하게 만든다. 그리고 아마도 이 때문에 부처의 주장들은 어떤 점들에서는 받을 만했던 공감을 얻지 못했을 것이다. 왜냐하면 부처는 베르나이스가 아리스토텔레스에게 귀속시켰던 것보다 본질적으로 더 온건한 이론을 모색하고 있었기 때문이다. 예를 들어, 부처가 '이기심'이란 말을 사용한 것은 아마도 심리학적인 고찰들에 의해 유발되었을 것이다. 하지만 그는 스스로 그 말의 도덕적인 연상들, 그리고 일상어에서 그 말이 지닌 탐욕이나 야심이란 의미들에 의해 혼란을 겪고 있다. 미적 경험은, 그것이 —대부분의 개인들에서는 삶이 끊임없이 요구하는 재조정을 허용하지 않을 정도로 중압감을 주는— 우리의 자의식을 축소시킨다는 의미에서, 실제로 우리에게서 이기심을 빼앗는다. 하지만 부처는 우리가 그러한 '이기심'을 버리면서 또한 우리의 책임과 의무에 대한 지각을 사리사욕과 야심에 대한 지각과 더불어 포기한다는 점을 지적했어야 했다. 자기로부터의 무도덕적인 분리가 도덕적인 이타적인 비-이기심이 제시될 수 있기 전에 성취되어야 한다.

그렇다면 카타르시스 경험은 분명히 최면적이고도 도덕적이다. 그것은 정신치료적인 것이다. 그것을 종교적으로 보는 것과 의학적으로 보는 것 간의 차이는——논란이 많지만——실제로 중요하지는 않다. 왜냐하면 근본 관념은 최면 상태에서 일어나는 개선의 관념이기 때문이다. 그러나 이 점이 강조된다면, 역설적이게도 '종교적인' 카타르시스에 대한 아리스토텔레스의 견해는 의학적인 반면에, 예술적인 카타르시스에 대한 그의 생각은 종교적인 것처럼 보일 것이다(이는 앞 단락에 제시된 유보 사항들의 제한을 받는다). 왜냐하면 그는 분명히 신성한 노래들의 카타르시스가 정신병자들에게 만족을 주지만, 일상적인 음악이 지닌 카타르시스적인 요소들은 불안 상태가 그다지 강하게 표명되지 않는 일상인들에게 [종교적] 위안이 된다는 점을 지적하기 때문이다. 종교적인 심리와 의학적인 심리 간의 차이는 정상을 다르게 이해하는 데에서 찾아볼 수 있다. 의사에게 정상적인 정신은 평균적인 정신이다. 종교적인 견해에서 정상적인 것은 이상(理想)적인 것이고, 평균적인 것은 정신병적이다(타락한 본성의 관념 참조). 고대의 비밀스런 의식들은, 적어도 일시적으로는, 종교적인 의미에서 정상 아래일 뿐만 아니라 의학적인 의미에서 평균 이하였던 사람들을 구원했던 것으로 보인다. 하지만 음악은 예술로서, 아리스토텔레스의 이론에 따르면, 평균적인 것으로부터 이상적인 것으로 우리를 끌어올린다. 물론, 예술의 기능이 종교적이라고 주장할 때, 우리는 예술과 종교를 동일시하지 않는다. 왜냐하면 예술은 그것의 종교적인(즉, 이성적이고 도덕적인) 기능에 의해서뿐만 아니라, 그것의 최면적인 과정에 의해서 구별되기 때문이다. 이 과정을 예술은, 우리가 '종교'로서——도덕성과 합리성의 보다 높은 개념들을 최면술의 힘에 희생시키는——코뤼바스의 춤이나 여타 야만인들의 의식들을 의미하지 않는다면, 종교와 공유하지 않는다.

　그렇다면 여기에서 감정의 방출이 아니라——어떤 황홀케 하는 영향이나 최면적인 영향 아래에 성취되는——감정의 승화에 이르는 카타르시스관이 있다. 이것은 흥미롭게도 승화된 에로스적 열정이라는 플라톤의 개념에 상응한다. 플라톤 자신은 그 열정을 (『파이드로스』에서) 창작의 영감에 비유한다. 이제 『창작술』에 나오는 비극에 대한 유명한 정의를 다뤄 보자. 베르나이스가 100년 전쯤에 그것을 논쟁을 위한 토대로 재개한 이후로 그 정의에 속한 단어 하나하나가 검토되었다. 아리스토텔레스의 정의를 제시해 보자.

　비극은 완결되어 있고 일정하게 지속되는 고상한 행동의 묘사이다. 언어는 관심을 끌도록 가공된다. 그리고 가공된 것들은 종류에 따라 극의 여러 부분들에 퍼뜨려진다. 비극은 암송되지 않고 연기된다. 그리고 그것은 바로 동정과 두려움의 카타르시스를 불러일으키기 위해 이 감정들을 사용한다. (6장 1449b 24~28)

　물론 다른 번역들도 무수히 많다. 바이워터는 1909년 자신이 편집한 책의 끝에서 다양한 유럽어로 번역된 55권의 책들을 열거한다. 그 후로도 『창작술』에 대한 번역서, 편집서, 주석서들이 꾸준히 쌓이고 있다. 하지만 위의 해석을 바탕으로 우리는 지금 논의할 작정이다. 카타르시스 과정에 두 가지 요소가 있는 것처럼 보일 것이다. 그 중 하나는 동정과 두려움의 환기이다. 다른 하나는 '고상한'(exalted) 행동에 기여했던 인물들의 본질적인 '훌륭함'(goodness)이다. '고상한'으로 옮긴 단어는 '중대한'

(consequence)과 같은 표현으로써 보다 더 충실하게 제시될 수 있을 것이다. 그러나 이것은 귀찮은 일이므로, 우리는 그러한 '고상함'이 —— 사실상 가장 넓은 가능한 의미인 —— 도덕적인 의미뿐만 아니라, 지적인, 심지어는 사회적인 의미에서 이해되어야 한다는 경고로 만족할 것이다. 그런데 성격들은 아리스토텔레스가 우리에게 말하듯이 —— 그들이 행하는 것만이 아니라 그들이 말하는 것을 통해 표현된다는 점을 인정하지만(15장 1454a 18) —— 행동에 함축되어 있다(6장 1450a 21). '훌륭함'으로써 아리스토텔레스는 단지 순종적인 탁월성들만을 의미하지는 않는다. 왜냐하면 그는 그가 그것들을 '훌륭함'이란 용어에 포함시킨다는 점을 지적하려고 애쓰기 때문이다. 그래서 다른 의미에서는 여성은 열등하고 노예는 완전히 무가치하지만, 여성이나 노예조차도 훌륭할 수 있다(15장 1454a 20). 이런 설명은 필요하다. 왜냐하면 그리스인들에게 탁월성은 일차적으로 공적인 탁월성을 의미했고, 이차적으로만 사적인 탁월성을 의미했기 때문이다. 그리스 도시에서 'aristoi'는 주도적인 사람들이라는 뜻에서, 성인(聖人)들이 아니라 가장 훌륭한 사람들이었다. 서구의 현대적인 용법은 이와 반대되는 태도를 함축한다. 그러나 아리스토텔레스의 언급이 전적으로 시대에 맞지 않는 것은 아니다. 왜냐하면 남성들의 봉사자이거나 복종자이길 분명히 거부하는 시대에조차도 여성들은 가끔 사령관보다는 남성의 부사령관으로서의 지위를 즐기기 때문이다.

넓게 말하자면, 우리가 이 맥락에서 '훌륭한'으로 번역하는 그리스 단어는, 우리가 '고상한'이라고 옮긴 것과 마찬가지로, 모든 도덕적인, 지적인 또는 사회적인 우월성을 포함하는 것과 같은 것이다. 이러한 고찰은 우리가 고귀한 비극적인 인물에게 어떤 약점 또는 결점이 필요하다는 아리스토텔레스의 주장(13장 1453a 10)을 이해하는 데 도움을 줄 것이다. 비극적인 고통을 당하는 사람은 제 성격의 결함에 의해 무너진 오이디푸스나 튀에스테스와 같은 숭고한 인물이라고 그가 우리에게 말할 때, 우리는 그 결함이 도덕적인 것이고, 본질적인 훌륭함은 적어도 부분적으로는 사회적인 것이라는 점을 수용한다. 다른 한편으로, 안티고네와 같은 인물에서 본질적인 훌륭함은 도덕적인 것이다. 그녀의 약점은 사회적인 것이다. 그녀는 (전적으로 무가치하지는 않지만 열등한!) 여성이다. 이후 유럽의 극에서 비극적인 관심이 항상 작품 제목의 인물에 집중되지는 않는다는 점은 특히나 맞다. 이것은 어쩌면 극에 상대적으로 많은 수의 인물들이 나오는 것에 기인할 것이다. 하지만 프랑스의 고전극에서 '친구들'은 그리스의 합창단과 동일한 것이니 고려해서는 안 된다. 이러한 장치는 서사시에서는 암암리의 것으로 기록될 생각들을 전달하기 위한 것이다. 그것이 어떻든, 코르네이유[프랑스의 극작가, 1606~1684]는 비판적인 서문에서 자신이 폴리왹트[동명 작품(1643)의 주인공]를 '시시한 호의'의 한계 내에 두지 않았다는 점에서 아리스토텔레스의 규정을 없앴다고 확실하게 주장했다. 아마도 그 극의 비극적인 힘은 소포클레스의 『안티고네』가 지닌 것과 같은 기반 위에서 설명될 수 있을 것이다. 주인공은 사회적으로 불리한 상황에 처해 있다. 그러나 또, 우리는 바로 성인이 아니라——자신들 가운데 벌어지는 존엄성의 압도적인 장애를 견디는——다른 '시시한 호의'를 베푸는 그밖의 인물들이 비극적인 고통을 당하는 사람들에 포함된다고 생각할 수 있을 것이다.

　　비극적인 약점 또는 결함에 대해 아리스토텔레스가 내린 규정의 요지는 비극적인 고통을 당하는 자는 상처를 입기 쉬어야 한다는 점이다.

그가 '훌륭할' 때, 우리가 그에 감탄할 때, 그리고 우리가 그가 겪는 것이 부당하거나 여하튼 그의 공과를 초과한다고 인정할 때(13장 1453a 4), 우리는 이와 동시에 우리 자신을 그와 동일시할 수 있어야 한다. 그는, 아리스토텔레스가 주장하듯이, 신, 천사, 성인 또는 예언자가 아니라 우리 자신과 '비슷한' 인물이다. 이러한 정체성의 전이는 사실 카타르시스 과정에서 지극히 중요하다. 최면술의 영향 아래에서 우리 자신에 대한 우리의 낡은 생각은 소멸되고, 우리는 보다 높은 개념 ──새로운 정체성── 을 받아들이도록 설득된다. 물론 그 효과는 오래가지 않는다. 모든 성공적인 비극은 청중을 종교적으로 개조시키지 않는다. 그리고 플라우투스[로마 희극작가, 기원전 3~2세기]의 인물들 중 하나가 언급하듯이, "청중은 극장에서 세련된 감정들에 갈채를 보내고 난 뒤, 집으로 돌아가서는 그것들을 무시하기에 이른다."(『루덴스』*Rudens*, 4막 7장) 그러나 우리는 최면 상태에서 개성을 재정향하는 일은 정신으로 하여금 실생활에서 어느 정도 유사한 변화를 겪게 만들 수밖에 없다는 결론을 물리치기 힘들다.

물론, 비극에 관한 고전적인 개념들과 관련하여 입센[노르웨이의 극작가·시인, 1828~1906]은 항상 많은 문제들을 만들어 낸다. 그의 인물들은, 때로는 지적으로 우월한 사람들이지만, 도덕적으로도 사회적으로도 고상한 사람들이 아니다. 그러나 그들이 연루된 행동은 교훈적인 요소를 통해, 그리고 우리가 '판례가 되는 소송사건'으로서 목격하는 의미를 통해 적어도 어느 정도는 고상한 것이다. 하지만, 그 효과는 조심스럽게 계산된 환상의 효과이다. 왜냐하면 E. M. 포스터 씨가 입센에 대해 관찰하듯이 "그는 교사가 아니지만, 교사인 척하기 때문이다."[1] 어떤 사람들에게는 입센의 극이 지닌 지성주의는 그것에 비극적인 품위를 입히기에 충분하지만, 다른 사람들에게는 그렇지 않다. 물음은 사실상 정도에 관한 물음이다. 그리고 경계선 상에 있는 경우는 다른 취향들이 허용될 수 있다. 확실히 입센에서 아리스토텔레스의 규정들이 부적합하거나 너무 좁게 이해되고 있다는 점을 입증할 만한 것이 없다. 아리스토텔레스는 극에서 교훈적인 요소를 완전하게 허용한다. 말은 성격의 증거일 뿐만 아니라 생각을 표현해야 한다(6장 1450a 6). 실제로, 생각은 성격에 대한 증거이다. 그러나 아리스토텔레스는 생각을 플롯, 성격, 언어, 외관, 음악과 동위인 것으로서 극에서 뚜렷하게 분리된 요소라고 특정하므로, 우리는 그가 그것에다 성격에 대한 단순한 증거와 별도로 어느 정도의 가치를 부여했다고 추리할 수밖에 없다. 더욱더 중요한 것은 우리가 이미 지적했던 그의 언급, 즉 창작(즉, 극작)은 "역사보다 더 고상하고 더 철학적"이라는 언급이다. 그것은 그것이 '개연성과 필연성'의 가설적인 사례들을 다루기 때문이라고 그는 설명한다. 그러한 것은, 작가가 실제 사실에 얽매이지 않는 한에서, 그에게 근본적인 것들을——보다 철학자의 방식으로——다루도록 허용한다. 필연성도 이야기나 극의 플롯의 시작을 중간에 연결하고 이 중간을 끝에 연결한다(7장 1450b 26). 그렇게 '철학적인' 기초 위에 구성된 작품은 철학적인 질문을 제기하거나 철학적인 판결을 제공하는 데에서 벗어날 수 없다. 하지만 입센에 대한 E. M. 포스터 씨의 빈틈없는 논평을 염두에 두면서, 아리스토텔레스가 극작가에게 요구하는 철학은 실제적이기보다는 외형적이었다는 점을 주목하는 것은 흥미롭다. 이는 『창작술』(26장 1461b 11)에서, 플롯 구성에서 개연적인 불가능성이 개연적

---

1) E. M. Forster, "Ibsen the Romantic", in *Abinger Harvest*, London 1936, 81~86쪽.

이지 않은 가능성보다 선호할 만하다는 부분을 우리가 읽을 때 분명해진다. 플라톤이 얼마나 얼굴을 찡그렸을까! 아리스토텔레스는 작가가 실제로 철학자이길 바라지 않고, 철학자인 척하기만을 바랐다!

　더욱이, 잘 구성된 플롯의 형태적인 배열은 본질적으로 학습의 요소로서 간주되어야 한다. 왜냐하면 형태는 잘 기억할 수 있는 것이고(7장 1451a 5), 잘 기억할 수 있는 것은 기억해 낼 만한 가치가 있는 것으로 쉽게 간주되기 때문이다. 더 나아가, 행동은 실제로 그렇게 하든 그렇지 않든, 그것이 메시지를 전한다는 우리의 지각에 의해 고귀하게 보인다. 우리는 또한 아리스토텔레스가 강하게 작가에게 추천하는 반전(反轉, peripeteia)과 발견(anagnōrisis)의 요소들이 극의 형태적 요소들──플롯 구성의 부분──이라는 점(6장 1450a 34)을 주목해야 한다. 『연설술』(1권 11장 1371b 10~11)에서 그는 '가까스로 위험을 탈출함'을 포함한 그러한 반전의 요소들이, 그림과 이것이 재현하는 대상을 비교하는 데에 함축된 '추론적인' 과정처럼, 지적인 호소력을 갖는다고 분명하게 서술한다. 정말로, 극적인 반전은 행운에서 불운으로의 비극적인 추락을, 음모에 휘말림과 이것의 해결을 거듭하며 개연성과 필연성의 규칙들을 따라야 한다(『창작술』 10장 1452a 20, 11장 1452a 24). 우리가 '반전'이라고 옮긴 'peripeteia'라는 말은 아리스토텔레스에서, 개연성과 필연성과 일치하는 한에서 예견할 수 있지만 관객은 예견하지 못하는 사건을 의미한다. 그것을 현대의 소설가는 '선회'(twist)라고 부른다. 그리고 그것의 효과는 플롯 안에 들어 있는 '철학적인' 암시들을 뚜렷이 보여 주고 강조하는 것이다. 반전의 요소는 아리스토텔레스가 『연설술』에서 우리에게 말하듯이 놀람[경이]을 불어넣고, 놀람의 사랑은 우리가 『형이상학』으로부터 기억할 수 있듯이 지혜의 사랑에 밀접하게 연결되어 있다.

  모든 그러한 교훈적인 철학적 요소들은 가르쳐진 교훈의 가치와 별개로, 행동을 고양시키는 경향이 있다. 그리고 이러한 연관 속에서 아마도 우리는 아리스토텔레스를 가끔은 너무 자의적으로 해석한 듯한 17~8세기의 신-고전주의 비평가들을 조롱하는 데 너무 열을 내서는 안 될 것이다. 이 비평가들은 규칙들에 대한 취향을 가졌고, 그래서 그들이 마땅히 해야 하는 것보다 더 기꺼이 취향의 규칙들이 있다고 가정했다. 하지만 그들의 형식주의는 아리스토텔레스적인 기질이 조금 있었다. 그리고 그들이 극의 행동은 태양이 한 번 회전하는 시간 내에 완성되어야 한다는 아리스토텔레스의 애매한 조언(5장 1449b 13)으로부터 이끌어 낸 시간과 공간의 극적인 통일성들조차, 아리스토텔레스에 의해 제출되었든 그렇지 않았든, 그들의 호감을 살 만한 점을 지닌다. 작품 구성에서의 형식성은, 운율의 인위적인 성질이 언어를 승화시키듯, 진지한 의도를 암시하고 주제를 승화시킨다. 물론, 모든 것이 형식성에 희생된다면, 그저 인위적이라는 인상이 주도적이다──그러나 "남용이 사용을 막지는 못한다."
(abusus non tollit usum)

  승화된 언어에 관한 마지막 언급은 아리스토텔레스가 보았듯이 카타르시스 과정에서 본질적인 구성요소인 현실에 대한 고귀한 파악이 지닌 또 한 가지의 측면으로 우리를 데려간다. 어떤 비평가들은 현재 보존된 형태의 『창작술』이 잘 균형 잡힌 논문이라고 주장할지도 모른다. 그리고 현대의 학자들이 논증을 명료하게 하고 삽입된 텍스트 부분들을 제거하면서 해낸 작업에도 불구하고, 그것의 목적은 애매한 상태로 남아 있고, 그것의 구조에는 그에 상응하는 결점이 있다. 이 점에 대해 우리는 필사본들을 비난할 것이 아니라 아리스토텔레스 자신을 비난해야 한다. 그 논문은 첫 문장에 주장된 대로 창작에 대한 광범위한 설명으로 의도되어 있다. 그러나 그것은 거의 전적으로 극 창작과 서사시 창작을 다룬다. 희극에 대한 논의는 이행하지 못한 약속으로만 남아 있다. 그리고 서정시 창작에 대한 언급도 전혀 없다. 아리스토텔레스는 창작에 관한 에세이를 쓰는 것과 플라톤이 『국가』에서 표명한 도전에 대답할 변론을 작성하는 것 사이에서 갈피를 못 잡고 있었던 것이 분명한 듯하다. 이것은 미메시스, 비극, 서사시가 그토록 많은 주목을 받은 이유를 설명할 것이다. 하지만 리듬은 근본적인 창작 본능으로서 인정되고, 희극은 극에서든 이야기에서든 창작물의 장르 전체를 아울러 구성하는 것으로 인정된다. 사실, 미메시스는 비극과 서사시와 마찬가지로 플라톤의 공격을 정면으로 받았고, 따라서 이러한 주제들은 적어도 절반은 변론으로서 의도된 작품에서 아리스토텔레스로부터 거의 배타적인 주목을 받았다. 같은 이유로, 서정시는 언급되지 않는다. 왜냐하면 플라톤이 이 장르는 공격하지 않았기 때문이다. 그는 작가가 인물들을 매개로 해서가 아니라 직접 청중을 상대했던 창작은 무해하다고 생각했다.

이러한 고찰들은 (『창작술』에서) 아리스토텔레스가 운율과 리듬의 문제에 관심을 갖지 않은 점을 부분적으로 설명한다. 창작은 미메시스의 문제이지 운율의 문제가 아니라는 취지의 그의 진술(1장 1447b 15)은 창작은 적어도 부분적으로는 리듬──운율은 이것의 한 측면으로 인정된다──에 대한 우리의 근본적인 감수성으로부터 유래한다는 그의 다른 견해와 조화하기 힘든 것처럼 보인다. 더욱이, 헤로도토스의 역사는 운문으로 쓰일지라도 여전히 역사일 뿐이지 창작이 아닐 거라는 잘 알려진 언급(9장 1451b 2)은 이 주제에 대한 또 다른 과장된 사례이다. 아리스토텔레스의 생각은 여기에서 평소와 달리 혼돈된 것처럼 보인다. 그는 자신의 주장을 뒷받침하기 위해 작가가 사실보다는 잠재성에 관계한다는 논증을 제시한다. 하지만 그는 스스로 몇 행이 지나지 않아 잠재성이 사실을 포함할 수 있다고 인정함으로써 그 논증을 무력하게 만든다. "사실[현실]이 작가의 관심사인 개연성과 필연성의 법칙들에 합치되지 말란 법은 없다."(9장 1451b 30) 더 나아가, 헤로도토스 사례는 잘못 선택되었을 수가 거의 없다. 헤로도토스는 여러 작가들에게 글감을 제공했다.[2] 그리고 그것은 역사가 지닌 이른바 비철학적인 성격에도 불구하고 플라톤과 아리스토텔레스에게 시사점들을 제공했다. 정말로, 그보다 더 분명하게 '놀라운 것'에 기뻐할 어떤 역사가를 생각해 내기란 어렵다. 그리고 '놀라운 것'은 아리스토텔레스에 따르면 창작적 매혹과 철학적 호기심의 바탕이다. 창작에 대한 논문을 작성한다는 구실 아래 아리스토텔레스는 여기에서 플라톤의 비판을 반박하는 데 관여하고 있는 것처럼 보일 것이다. 플라톤은 운율, 리듬, 음악이 제거된 작품은 — "젊은 꽃다움이 가신 잘 생긴 얼굴들처럼"(『국가』 10권 601b) — 호감을 사지 못한다고 말을 꺼냈다. 토론자의 논쟁 기질을 지닌 아리스토텔레스는 그에 반대되는 것이 맞다는 점을 보여 주는 일에 착수한다. 그리고 논쟁에서 가끔 일어나듯이, 한쪽에서의 과장은 다른 쪽에서 그에 상응하는 과장을 산출한다.

왜 아리스토텔레스가, 창작 언어가 지닌 승화의 힘을 다루면서(22장

---

2) 헤로도토스의 귀게스 이야기에 대한 그리스 극 버전에 대해서는 D. L. Page, *A New Chapter in the History of Greek Tragedy*, Cambridge 1951을 보라.

1458a 18), 리듬이나 운율을 전혀 언급하지 않는지를 달리 이해하기란 힘들다. 『연설술』에서 우리가 보았듯이, 그는 리듬과 운율을 창작적 고양의 근원으로 인정한다(3권 8장 1408b 21~32). 『창작술』에서 언어에 대한 그의 모든 설명들은 단어 선택에 의해 결정되는 문체에 의식적으로 한정되어 있다. 이암보스 운율이 극에 적합한지, 그리고 육보 운율이 서사시에 적합한지에 관한 몇 가지 언급을 제외하면, 그는 리듬과 운율에 대한 모든 언급을 애써 회피한다. 하지만 분명히, 이러한 좁은 문체의 영역 내에서조차도, 고양된 현실의 표현이 작가의 목표로 간주된다. 통용되는 또는 일상적인 단어들은 명료함을 준다. 그러나 그것들은 문학적인 어휘, 특히 문체를 승화시키는 비유들과 방언들과 더불어 군데군데 삽입되어야 한다. 비유와 방언이 지나치면, 그것들은 각각 '수수께끼와 야만족의 말'로 이어질 것이다. 정말로 고대 그리스의 작품은, 그것의 창작 자원들을 감상할 입장에 있지 못한 영국인에게는, 비유적인 표현을 사용하는 데 소심한 것처럼 보일 수 있다. 그리고 우리들 자신의 창작 관례들에 입문하지 못한 고대 그리스인이라면 대부분의 영국 작품을 '수수께끼와 야만족의 말'로 간주했을 것이라는 데에는 의심의 여지가 있을 수 없다. 하지만 우리가 내세우고자 하는 요점은 창작법 및 문체의 영역에서든, 극의 인물 및 행동의 영역에서든 아리스토텔레스가 동일한 비극 원리를 선언한다는 점이다. 우리의 공통 경험은, 그것이 그 자체로 고통스러운 곳에서조차, 다른 보다 고양된 요소들과 연결됨으로써 승화되어야 한다. 이렇게 해서 우리는 비극적인 고귀함을 위해서 비극적인 고난을 수용하도록 유도된다. 그렇게 함으로써 우리는 삶이 우리에게 행할 수 있는 최악의 것과 일시적으로 화해한다. 그리고 이것이 창작이 지닌 카타르시스의 본질이다.

헤르메스의 도움으로 알크메네를 유혹하는 제우스
(기원전 340년경), 아스테아스 작품, 베를린 고대박물관 소장

8장_ 희극

『창작술』(시학)과 『정치학』에서 모두 카타르시스는 동정과 두려움, 즉 비극의 효과와 연결되어 있다. 아리스토텔레스가 이에 상응하는 희극적 카타르시스 이론을——이에 대해 아리스토텔레스가 글을 썼다면 소실되었을 것이다——염두에 두었다는 주장이 있었다. 다른 가능한 견해는 희극적인 문학 및 예술의 효과는 카타르시스적인 과정으로 분류될 수 없는 다른 어떤 과정에 의존한다는 견해이다. 필자의 저술은 이 두번째 견해에 동의한다. 아리스토텔레스가 희극을 '행복한 결말'에 의해 결정되는 것으로 간주하지 않는다는 점을 주목하는 것이 중요하다. 물론, 그는 행복한 결말을 희극에 적합한 것으로 간주한다. 그러므로 그런 결말은 희극의 특성일 뿐, 희극의 본질은 아니다. 비극과 희극의 본질적인 차이는 희극이 보다 비천하고 평범한 유형의 인물들을 다룬다는 사실에 있다. 그래서 『창작술』의 앞부분에서 우리는 비극과 희극의 근원에 관한 설명을 얻게 된다.

창작은 작가들이 지닌 각각의 성향에 맞춰 두 방향으로 갈라졌다. 진지한 작가들은 고상한 인물과 행동을 묘사했다. 반면에, 보다 조야한 작가들은 상대적으로 비천한 사례들에 몰두했다. 그 결과, 뒤의 경우에는 풍자시가 있었고, 이와 대조로 앞의 경우에는 찬가와 찬사가 있었다. 우리는 호메로스 이전에 있었던 그러한 풍자시에 대해 알지 못하지만, 틀림없이 그것은 풍부하게 존재했었다. 호메로스 이후로는 우리는 많은 사례를 발견한다. 그리고 호메로스 자신도 『마르기테스』 및 여타 비슷한 작품들에서 사례를 제공한다. 그러한 창작과 연관된 운율은 지금 '이암보스'라 불린다. 왜냐하면 이 단어는 원래 사람들이 이암보스 시에서 서로에게 겨눴던 풍자를 가리키기 때문이다. 그래서 옛 작가들은 영웅시를 짓는 사람들과 이암보스 시를 짓는 사람들로 구분되었다. 진지한 작가들 가운데에서 호메로스가 차지하는 위치는 독보적이다. 이는 그의 작품이 지닌 성질 때문만이 아니라, 그가 극적인 묘사에서 보인 기술 때문이다. 그리고 더 나아가 그는 진정한 희극 형태, 즉 풍자적이기보다는 웃기는 희극의 선구자였다. 그의 『마르기테스』가 희극에 대해 갖는 관계는 실제로 『일리아스』와 『오뒤세이아』가 비극에 대해 갖는 관계와 같다. 비극과 희극이 등장하자, 어떤 것이 더 마음에 들었든지 간에 작가들은 둘 중 한 쪽으로 이끌렸다. 그리고 풍자 작가가 희극작가에게 밀려났듯이, 서사시 작가는 비극작가에게 밀려났다. 왜냐하면 극의 형태가 우월했고 보다 품위가 있었기 때문이다. (4장 1448b 24~1449a 6)

서사시보다 극을 선호한 것은 아리스토텔레스의 개인적인 편애 문제인 것처럼 보일 것이다. 그러나 그것은 그가 『창작술』 끝부분(26장

1462a 5)에서 근거를 제시한 논증에 바탕을 둔 선호이다. 그는 대규모 극장의 청중이 지닌 보다 대중적인 취향들이 비속함에 기여한다는 점을 인정하지만, 작가가 아니라 배우와 음악가가 그 비속함에 영합한다고 비난한다. 작품의 크기에 관련된 그의 논변은 더 적절하다. 연극의 크기는 그것이 단일한 극적 행동을 편안하게 수용할 정도여야 한다. 하지만 서사시 작가는 서사시의 길이에 도달하기 위해서는, 우리가 통일성에 대한 지각을 어느 정도 잃을 수밖에 없더라도, 여러 주제를 짜 넣지 않으면 안 된다. 더욱이, 이러한 비판은 아리스토텔레스가 형태와 크기에 대해 관찰한 여타의 점들과 전적으로 일치한다. 그러한 점들을 우리는 앞 장에서 검토했다.

보다 흥미로운 점은 여전히 아리스토텔레스가 희극과 풍자시 간에 그은 구별이다. 우리는 이 주제에 대해 더 듣길 바랄 수 있었을 것이다. 우리가 오늘날 쓰는 '풍자시'(satire)라는 말은 비꼼, 빈정거림, 독설의 작품을 암시하기에 아리스토텔레스의 그리스어(psogos)에 대한 적절한 번역어인 듯하다. 하지만 그 단어의 유래는 물론 라틴어이고(lanx satur), 그것의 의미는 원래 단순히 '[온갖 것이] 섞인 접시' 또는 '잡탕'이었다. 하지만 분명히 아리스토텔레스의 견해에서 풍자시와 희극 간의 차이는 경멸적인 웃음과 관대한 웃음 간에 존재하는 차이였다. 이 구별은 종종 아주 중요한 점이 된다. 그래서 T. S. 엘리엇 씨의 『극작에 관한 대화』에서 대화자들 중 한 사람은 왕정복고시대의 극이 "기독교적인 정통 도덕성을 수용하고, (그 희극에서) 그에 따라 생활하지 않는 인간 본성을 비웃는다"고 언급한다. 하지만 이것은 실제로 논점을 회피한다. 웃음이 경멸적이거나 관대한가? 풍자적이거나 희극적인가?

다시 그리스 희극과 '프소고스'[풍자시]의 문제로 돌아가 보자. 아리스토텔레스가 희극을 말할 때 그는 기원전 5세기 후반에 번성했던 아리스토파네스의 구(舊) 희극이 아니라 기원전 4세기 아테네의 연극들을 염두에 두고 있다는 점을 우리는 기억해야 한다. 『창작술』에서 창작의 '철학적인', 가설적인 본성에 관하여, 우리는 작가가 이야기를 구성한 다음에 이름들을 단지 '붙이기'만 한다는 내용에 접한다. 아리스토텔레스는 이어 말한다.

> 이것은 지금, 희극의 실행에서 분명해졌다. 설득력 있는 플롯이 고안되었을 때에만 인물들에 대한 이름들이 제시된다. 그리고 그것들은 떠오를 수 있을 법한 이름들이지, '이암보스' 작가들의 창작에서 나타나듯 개인들의 이름은 아니다. (9장 1451b 11~15)

'이암보스' 작가들은, 아리스토텔레스가 앞서 인용한 구절에서 설명하듯이, 풍자시 작가, 즉 '프소고스' 작가들이었다. 만일 가공의 이름이냐 실제의 이름이냐가 기준이라면, 아리스토파네스는 풍자 작가였지, 희극작가가 아니었다. 왜냐하면 그는 소크라테스와 클레온과 같은 개인들을 희생양으로 삼아 웃음을 일으켰기 때문이다. 그는 가공의 이름들을 사용함으로써 그들의 정체를 감출 필요가 없었다. 그러나 아리스토텔레스는 아마도 그를 풍자시에서 희극으로 전개되는 과정의 중간 단계를 대표하는 작가로 간주했을 것이다. 이런 전개가 아직 『창작술』의 저술 시기에 진행되고 있었다고 아리스토텔레스는 아마도 느꼈을 것이다. 이는 앞의 인용에 나오는 '지금'이란 표현에 의해 암시된다. 우리는 다음과 같은 내용에 접한다. 비극은 연속적인 단계들을 거쳐 발전되어 마침내 풍부한 가능성들을 깨닫고, 더 이상의 전개가 기대될 수 없을 정도의 지점에 이르렀다(4장 1449a 15). 그러나 희극에 대한 공적인 지원은 상대적으로 늦은 시기의 것이었고(5장 1449b 1), 아리스토텔레스의 견해에 따른다면, 의심할 여지없이 그것이 보다 완만하게 전개된 원인이 되었다. 다음과 같은 점은 아리스토텔레스의 희극론을 명료화하고자 하는 사람을 풀 죽게 하는 한 가지 사실로 등장한다. 아리스토텔레스의 저술들에서 그 주제에 대한 우연한 언급들 말고는 다른 언급이 전혀 없고, 그가 희극에 대해 말할 때 의미했던 내용에 대해 남아 있는 사례들이 거의 없다는 점이 그것이다. 왜냐하면 몇 가지 중요한 최근의 발견물들을 제외하면, 4세기의 희극은 완전히 소실되었고, 우리는 희극에 대한 앎을 플라우투스와 테렌티우스[로마의 희극작가, 기원전 2세기]의 라틴어 모방작들에 주로 의존하여 얻기 때문이다.

하지만 희극이 보다 비천한 유형의 인물을 다룬다는 아리스토텔레스의 규정은 식별하기 쉽다. '행복한 결말'의 문제에 대해 그는 우리에게 말한다.

가치의 순서상 두번째의 것이나, 어떤 사람들이 첫번째의 것으로 평가하는 종류의 (비극) 플롯이 있다. 그것은 이중의 주제를 포함하고, 『오뒤세이아』에 예시되어 있다. 이 작품에서 훌륭한 인물들의 최후 운명은 나쁜 인물들에 할당된 운명과는 정반대이다. 그것은 청중의 허약성 때문에 첫번째의 것으로 평가된다. 이는 작가들이 대중에 영합하여 작품을 쓰기 때문이다. 그러나 그것이 주는 쾌감은 비극이 아닌 희극에 적절한 쾌감이다. 왜냐하면 오레스테스와 아이기스토스와 같은 전설상의 불구대천의 원수들이 결국 화해한 채로 무대를 떠나고, 서로 죽이거나 죽임을 당하는 일이 없기 때문이다. (『창작술』 13장 1453a 30~39)

이것은 우리 자신이 파악한 점들과 아주 잘 일치한다. 하지만 우리가 보았듯이 결말이 아니라 인물의 유형이, 아리스토텔레스의 견해에 따르자면, 희극과 비극을 결정하는 으뜸 요소라는 점을 우리는 주목해야 한다.

아리스토텔레스가 희극이란 주제에 대해 결코 상세하게 말을 하거나 글을 쓰지 않았더라도, 분명히 그는 그렇게 할 의도를 가졌고, 모든 관련 자료를 마음속에 두었다. 『창작술』은 잘 알려져 있듯이 그 주제를 육보 운율의 시[서사시]를 다룬 뒤에 다룰 것이라는 그의 약속을 담고 있다 (6장 1449b 21). 그러나 서사시에 관한 논의를 넘어선 내용의 『창작술』은 우리에게 알려진 어떠한 기록에도 남아 있지 않다. 희극론은 분실된 상태에 있다. 『창작술』이 애초에 두 권으로 구성되었는지에 대해서는 의견이 분분하다. 그러나 아리스토텔레스의 희극론이 어떤 형태로든 그의 동시대인들에게 꽤나 접근 가능한 것이었다는 점은 더없이 분명해 보인다. 『연설술』(수사학)에서 우리는 읽는다.

그와 비슷하게, 오락과 모든 형태의 긴장완화들은, 웃음을 포함하여, 즐거운 것이므로, 인물, 말, 행위 속에 예시된 우스운 것은 즐거움을 제공할 것이라는 점이 따른다. 우스운 것은 창작에 관한 우리의 논문에서 따로 분류되었다. (1권 11장 1371b 35~1372a 2)

더 나아가, 같은 작품에서 아리스토텔레스는 우리에게 말한다.

우스운 것의 다양한 형태들은 …… 창작에 관한 우리의 논문에서 열거되었다. 어떤 것들은 교양 있는 사람에 의해 적절하게 이용될 수 있고, 다른 어떤 것들은 그럴 수 없다. (대중 연설자는) 적절한 농담을 하도록 주의를 기울여야 한다. 비꼼이 교양 있는 사람에게는 단순한 익살보다 더 적합하다. 비꼬는 사람은 자신의 만족을 위해 웃음거리를 만들지만, 익살을 떠는 사람은 다른 사람들에게 미칠 효과에 관심을 갖는다. (3권 18장 1419b 3~9)

위의 구절들도 아리스토텔레스의 희극론이 담고 있을 법한 내용들에 대해 어느 정도 실마리를 제공한다. 그리고 정말로 우리가 아리스토텔레스의 저술 전체에서 유사한 실마리들을 샅샅이 뒤진다면, 만만찮은 양의 교설이 수집될 수 있다. 이러한 수집 작업을 L. 쿠퍼(Cooper)는 아주 철저하게 1922년에 발간된 자신의 책에다 수행해 놓았다. 그리고 축적의 결과는 쿠퍼의 저술에서도 그렇듯이, 이암블리코스[그리스 철학자·주석가, 기원후 3~4세기], 프로클로스[그리스 철학자·주석가, 기원후 5세기], 체체스[비잔틴 시인·문법학자, 약 1110~1180], 『트락타투스 코이슬리니아누스』(*Tractatus Coislinianus*), 그리고 다른 소요학파의 전통으로 남겨진 기록들에 대한 언급에 의해 보완될 수 있을 것이다. 이와 동시에, G. 카이벨(Kaibel)과 T. 콕(Kock)의 편집서와 같은 희극 조각글 모음집은 우리가 그리스 희극의 실행에 대해 유감스럽게도 결여한 지식을 보완해 준다.

이러한 연구의 결과로서 몇몇 아리스토텔레스 주석가들은 희극적인 카타르시스의 존재를 믿게 되었다. 그러나 우리는 이미 카타르시스 관념이 변을 잘 통하게 한다는 의미뿐만 아니라 정화적인 의미를 갖는다고 주장했다. 그것은 사실 속죄적인 의미의 것으로서, 실제로 그렇듯이 고통의 수용에 달려 있다. 아리스토텔레스는 비극의 질이 주제에 의해 결정되고, 이것은 그리스 신화의 무자비한 테마들, 끔찍한 행위들과 고통들에 대한 이야기들로부터 끌어낼 수 있다고 주장한다. 모친살해는 특히 비옥한 화제이다——오레스테스에 의한 클뤼타임네스트라의 살인, 또는 알크메온에 의한 에리퓔레의 살인(14장 1453b 22). 최고의 비극들은 모두 옛날의 이야기들과 옛날의 영웅들——알크메온, 오이디푸스, 오레스테스, 멜레아그로스, 튀에스테스, 텔레포스——에 바탕을 두고 있다. 우리는 그런 이야기들이 모두 속죄에 대한 설명이라는 점을 놓쳐서는 안 된다. 비극의 주인공은 보통 '광기'로부터 '정화' 상태로 옮겨 간다. 이 상태에서 그는 고통을 수용함으로써 고통을 넘어 상승한다.[1] 청중은 비극의 인물과 자신을 동일시하면서 자신을 비슷한 과정에 내맡긴다——이는 물론 일시적인 방식으로 최면술적인 암시를 통해 경험된다. 하지만 우리가 제시하고자 하는 요점은 다음과 같다. 즉, 창작과 음악이 지닌 카타르시스에 대한 아리스토텔레스의 견해는 본질적으로 속죄의 의미이고, 희극을 속죄적인 내용과 연결시키기란 불가능하다.

확실히, 만일 우리가 아리스토텔레스 자신의 저술들로부터 그가 희극의 목적을 카타르시스적인 것으로 파악하지 않았다는 결론을 합당하

---

1) 『창작술』 17장 1455b 15에서, 오레스테스를 '광기'로부터 구원한 수단은 명시적으로 '카타르시스'라 불린다.

게 추론할 수 있다면, 『트락타투스 코이슬리니아누스』와 체체스에 나오는 그와 반대되는 명시적인 진술들은 그다지 권위가 없어서 변호될 필요조차 없을 것이다. 『트락타투스』는 창작론을 다루고 있는 10세기의 비잔틴 필사본이다. 그리고 J. 체체스는 12세기의 박학한 주석가였다. 우리는 아리스토텔레스의 문학론이 호라티우스[로마의 시인, 기원전 65~8]에 도달한 변형된 형태를 회고해 보기만 하면, 후대의 비잔틴 전거들이 얼마만큼 신뢰할 수 없는 것인지를 깨닫게 된다. 하지만 한 가지 측면에서, 희극을 '즐거움과 웃음을 통해 비슷한 감정들의 정화를 산출하는 것' 또는 '웃음과 즐거움에 의해 조형됨으로써 감정들을 정화하고, 삶을 건설하는 것'으로서 보는 그러한 설명들을 무시하는 것은 잘못일 것이다. 적어도, 우리는 먼저 그러한 설명들을 공표하도록 만든 원인들을 검토해야 한다. 왜냐하면 그것들은 아마도 아리스토텔레스가 우리를 위해 『창작술』에 부분적으로 남긴 희극에 대한 단절된 귀중한 진술에서 발견될 수 있을 것이기 때문이다.

희극은, 우리가 말했듯이, 열등한 인물들에 대한 묘사이다. 하지만 이들은 전적으로 사악하지는 않다. 이와 반대로, 우스운 것은 추함의 일부이다. 그것은 일종의 모자람, 고통스럽지도 치명적이지도 않은 추함이다. 그리고 그것은 희극의 가면에 견줄 만하다. 어떤 점에서 추하고 찌그러졌지만, 아무런 고통도 일으키지 않는다. 비극의 전개, 그리고 비극의 잇따른 대표자들이 이룬 진전들은 기록되어 있다. 그러나 희극의 전개는 그 근원을 캘 수 없다. 희극은 처음에는 진지하게 받아들여지지 않았기 때문이다. (5장 1449a 32~b 1)

그런데, 『트락타투스』와 체체스의 『아리스토파네스 작품에 대한 서문』과 같은 희극 평가들은 아리스토텔레스의 유명한 비극 정의에 대입 법칙을 기계적으로 적용한 데 기인한다는 지적이 종종 있었다. 그것은 필요한 부분에 변경을 가하는 간단한 과정이었다. 하지만 만일 우리가 『창작술』에 나오는 위의 구절을 참작한다면, 그러한 과정은 무제한 비난받을 만한 것으로 보이지는 않을 것이다. 희극에 대한 아리스토텔레스의 진술은 비극에 대한 그의 규정과 아주 선명하게 대립을 이루는 관계에 있다. 첫째, 우리는 희극이 열등한 유형들에 대한 묘사라는 내용에 접한다. 비극은 이와 대조적으로 보다 고양된 인물들을 제시한다(15장 1454a 16 등). 둘째, 희극의 인물이 전적으로 나쁘지는 않듯이, 비극의 인물도 전적으로 좋아서는 안 된다. 비극의 인물은 비극적인 결함(hamartia)을 지녀야 한다. 심지어, 희극의 인물이 갖추는 기본 조건인 결함(hamartēma)과 비극의 인물에서 유일한 약점을 이루는 것 사이에는 용어상 일치하는 점이 있는 것처럼 보인다. 후자의 '아킬레우스의 발꿈치'는 전자의 '다른 결점을 벌충하는 장점'에 필적한다고 결론 내리는 것은 당연하다. 그리고 이러한 대립들에다 우리는 희극은 치명적으로 해를 입히지는 않는 악들에 관계되는 반면에, 동정, 즉 비극의 감정은 바로 그러한 치명적인 악들을 예상함으로써 일어난다는 점(『연설술』 2권 8장 1386a 3)을 보탤 수 있다. 희극은 분명히 치유될 수 있는 악들에 관계하고, 이는 치유될 수 없는 악들과 구별된다. 뒤의 것들은 죽음, 상처, 질병, 굶주림, 그리고 인간의 운명으로부터 떼어낼 수 없는 것처럼 보이는 다양한 불운 사례들을 포함한다. 다른 한편, '치유들'은, 아리스토텔레스가 다른 곳(『연설술』 2권 5장 1383a 25~29)에서 주목하듯이, '안심'의 원천이고, 안심은 두려움에 대립된 것이다. 이러한 것이 비극과 희극의 대응관계에 대해 아리스토텔레스가 설명한 내용들 중 남아 있는 것이므로, 우리가 소유한 것보다 더 나은 기록물의 증거를 소유하지 못했더라도 후대 주석가들이 아리스토텔레스 자신이 아주 분명하게 의식한 듯한 대립을 다듬을 준비가 되어 있었다는 점은 놀라운 일이 아니다.

하지만, 어떤 명제든 여러 개의 대립을 암시할 수 있다. 우리의 이해에 주어진 바에 따르면, 비극은 동정과 두려움의 카타르시스를 유발하기 위해 동정과 두려움을 사용한다. 이 명제는 세 가지 요인을 포함한다. 첫째, 카타르시스를 유발하는 수단이 되는 동정과 두려움의 감정들이 있다. 둘째, 카타르시스 효과 자체가 있다. 셋째, 치료를 받아야 할 기존의 동정과 두려움의 감정들이 있다. 이에 바탕을 두고, 여섯 개의 다른 대립이 제시된다. 만일 우리가 대립에 대한 지각에 의해서만 인도되어야 한다면, 희극은 다음의 여섯 가지 방식 중 하나로 정의될 수 있다. ①동정과 두려움을 통해 [기존의] 동정과 두려움에 (비-카타르시스적인) 효과를 산출함, ②동정과 두려움을 통해 다른 어떤 감정들의 카타르시스를 유발함, ③다른 어떤 감정들을 통해 동정과 두려움의 카타르시스를 유발함, ④다른 어떤 감정들을 통해 [기존의] 동정과 두려움에 어떤 비-카타르시스적인 효과를 산출함, ⑤다른 어떤 감정들을 통해 이러한 다른 감정들에 카타르시스적인 효과를 산출함, ⑥동정과 두려움을 통해 다른 어떤 감정들에 비-카타르시스적인 효과를 산출함.

6개의 논리적으로 가능한 정의들 중 ①, ②, ⑥은 용인될 것 같지 않다. 왜냐하면 희극작가는 어떤 의미에서도 자신의 효과를 산출하는 데에서 동정과 두려움을 이용한다고 말할 수 없기 때문이다. 하지만 동정과 두려움은 그의 치료가 맞서 싸우도록 예정된 감정들로 간주될 수 있다. ⑤는 사실상『트락타투스 코이슬리니아누스』의 이론가가 제시한 정의이다. 우리는 그것을 받아들일 수 없다. 왜냐하면 우리가 도달한 카타르시스의 정화 개념은 희극의 정서와 어울리지 않는 것처럼 보이기 때문이다. ③에 대해서도 같은 반론이 적용된다. 우리는 희극적인 카타르시스와 같은 것을 허용하지 않는다. 그렇다면 ④, 즉 다른 어떤 감정들을 통해 [기존의] 동정과 두려움에 비-카타르시스적인 효과를 산출함만이 희극의 효과에 대한 가능한 정의로 남는다.

그렇다면, 다른 감정들은 무엇이고, 비-카타르시스적인 효과는 무엇인가?『트락타투스』와 체체스가 즐거움과 웃음을 언급한 것은 명백히 불만족스럽다. 왜냐하면 즐거움들은 동정과 두려움과 같은 의미의 감정들이 아니고, 아리스토텔레스도 그러한 감정으로 여기지 않았기 때문이다. 이렇게 해서 그러한 정의들이 얻고자 노력하는 유비는 상실된다.『연설술』에서 분노, 동정, 두려움, 그리고 '이와 같은 종류의 모든 감정들'이 이것들에 반대되는 감정들과 더불어 판단을 바꿀 수 있는 감정들로서 열거된다(2권 1장 1378a 19~22). 슬픔과 즐거움은 단지 그것들에 부수하는 것들이다. 그런데, 만일 우리가 대립을 찾고 있고, 대립은 유비를 함축한다면, 분명히 우리는 동정과 두려움과 유비관계에 있는 감정들의 목록에서 선택할 수밖에 없다. 더욱이, 반대되는 것들이 이러한 목록에서 포함되어 있으므로, 그리고 대립도 반대를 함축하므로, 우리는 자연스럽게 동정과 두려움에 반대되는 감정들을 선택할 것이다. 이것들은 어떤 것들인가? 아리스토텔레스가 직접 우리에게 말해 준다. "의분은 동정에 반대되는 것이다. …… 질투도 그것이 의분과 같거나 이것과 비슷한 것인 한에서 동정에 반대된다."(『연설술』2권 9장 1386b 8, 16~17) 더 나아가 우리는 접한다. "(의분과 질투 같은) 그러한 감정들은 모두, 우리가 기술한 방식대로 서로 다르긴 하지만, 동정을 막는 것들이다. 따라서 그것들은 모두 동정심을 일으키지 못하게 하는 데 똑같이 유용하다."(2권 9장 1387a 3~5) 두려움에 대해서 우리는 이전의 맥락에서 다음의 것에 접한다. "안심은 두려움에 반대된다."(2권 5장 1383a 16~17).

이러한 점들을 주목한다면, 비-카타르시스적인 희극의 과정과 이 과정이 동정과 두려움의 고통스런 감정들을 중화시키는 데 사용하는 감정들의 성격을 인지할 수 있다. 이렇게 해서 우리는 다음과 같이 희극의 정의에 도달한다. "희극은 의분과 안심을 통해 동정과 두려움을 방해하는 효과를 일으키는 …… 묘사이다." 만일 아리스토텔레스가 비극과 희극 간의 대립을 그가 희극에 대한 그의 부분적인 언급이 암시하듯 예리하게 느꼈다면, 위의 취지로 어딘가에서 명확하게 말했을 것 같다. 비극이 카타르시스를 쓰는 곳에서, 희극은 '방해'라는 말, 그리스어로 표현해야 한다면 'kōlysis'를 쓴다. 희극은 우리를 북돋움으로써 두려움을 쫓아낸다. 희극은, 동정이 지나치거나 잘못 자리를 잡은 곳에서(즉, 그것이 감상적인 곳에서), 우리의 공감을 그렇게 잘못 주장한 것들에 반대해서 의분의 감정을 일으킴으로써 동정심을 몰아낸다. 그러나 이런 방법은 두려움과 동정의 대상들이 삶에서 불치의 최대 악들이 아닌 곳에서만 성공적이다. 악이 '고통스럽거나 치명적인' 종류의 것인 곳에서는, 두려움과 공감이 수용되어야 하고, 여기에서 극을 통한 치유는, 희극에서처럼 대증요법이지 않고, 비극에서처럼 동종요법이게 된다.

여기에서 우리는 당연히 왜 동정에 반대되는 감정으로서 질투가 아니라 의분을 내놓았는지 물을 수 있다. 아리스토텔레스는 의분과 질투가 모두 동정에 반대된다고 말한다. 하지만 그는 우리 자신과 경쟁 관계에 있는 사람들에 의해 촉발되기 때문에 질투가 보다 이기적이라고 암시한다. 비극적인 동정의 감정은 정서이고 두려움의 감정은 본능이므로 — 앞의 것은 비이기적인 감정이고, 뒤의 것은 이기적인 감정이다 — 유비 관계에 대한 우리의 지각은 우리가 동정에 반대되는 것을, 동정의 해독제를 찾을 때 우리를 비이기적인 의분의 감정으로 향하게 한다. 플라톤이 『필레보스』에서 불쾌하게 희극의 기질을 질투의 감정과 동일시했다는 것은 사실이지만, 아리스토텔레스가 그렇게 했어야 할 이유는 없다. 반대로, 아리스토텔레스가 그렇게 안 할 이유가 오히려 있다! 인간 정신의 효력 있는 성향들은 모두 그 뿌리를 이기적인 감정과 비이기적인 감정에 두고 있다는 점도 주목할 만한 가치가 있다. 그것들은 앞의 감정으로부터는 힘을 얻고, 뒤의 감정으로부터는 방향을 얻는다.

우리가 여태 숙고했던 희극의 정의는 확실히 관찰된 심리와 일치한다. 왜냐하면 희극은 웃음과 연결되어 있고, 웃음은 부조화에 대한 — 베르그손에 따른다면 긴장과 이완에 대한 — 지각으로부터 일어나기 때문이다. 희극의 지각에서 우리는 고통스러운 감정과 즐거운 감정의 충돌을 갖는다. 이런 것은 고통이 고통에 의해 치료되는 비극적인 반응에서는 일어나지 않는다. 간지럼 현상에서도 두 가지 부조화 요소가 있다. 간지럼은 폭행과 애무의 중간이다. 그것은 우리에게 도전하면서 이와 동시에 우리를 무력하게 만든다. 다른 한편으로, 양쪽의 경우에서 우리의 반응이 웃음이라는 이유만으로 간지럼을 희극의 감정과 연결시킬 이유는 절대로 없다. 슬픔뿐만 아니라, 양파도 눈물을 흘리게 한다. 그리고 어떤 심리학자들은 간지럼에 대해서는 순수하게 생리학적인 설명이 있다고 생각했다──그들 중 한 사람이 바로 아리스토텔레스이다(『자연학적인 문제들』 35권 965a 23, 11권 904b 22).

하지만, 간지럼에 대해 우리가 어떤 결정을 내리든지, 숭고한 효과로부터 진부한 효과로의 점강법 및 갑작스런 전이들에서처럼 희극은 분명히 부조화에 대한 우리의 지각에 기댄다. 여기에서 희극이 지닌 숭고함의 기능을 주목하는 것은 흥미로운 일이다. 만일 숭고함이 설 자리가 없다면 희극작가 같은 것은 없을 것이다. 모든 작가는, 우리가 지적했듯이, 최면의 힘을 소유해야 한다. 비극작가는 꾸준하게 청중에 대한 지배력을 늦추지 않지만, 희극작가는 청중이 도취되자마자 주문(呪文)으로써 그가 그들에게 행할 수 있었던──또는 행할 수 있었을 법한──속임수에 이목을 끌면서 그들을 깨워야 한다. 왜냐하면 창작적인 최면 상태에서 잘못된 연상들을 형성하기란 진짜 연상들을 형성하는 것만큼 쉽기 때문이다. 잘못 자리 잡은 사랑, 잘못 자리 잡은 충성, 잘못 자리 잡은 열정은 희극 게임을 실행하는 도구가 되는 계산자들이다. 그리고 희극작가가 단순한 익살꾼이 아니라 진정한 작가라면, 그는 우리가 그러한 사랑, 충성, 열정의 완전한 힘을, 이 힘이 잘못 자리 잡은 것이라는 점이 보이기 전에, 느끼도록 허락한다. 실제의 삶에서도 아름다움은 우리를 황홀케 한다. 그리고 불치의 악을 참아 내기 위해 아름다움의 도움을 얻어야 하듯이, 우리는 선명한 머리가 우리 자신의 이해(利害)에 본질적이고 치유가 우리의 수중에 달려 있는 곳에서는 아름다움의 아편을 맹세코 부인해야 한다.

그래서 아리스토텔레스가 희극과 비극을 말할 때 비극적인 드라마와 희극적인 드라마를 각각 의미하지만, 비극적인 태도와 희극적인 태도를 모든 문학·예술 창작에 고루 미치는 두 가지 근본적인 차이로서 인정했던 것처럼 보일 것이다. 이렇다면, 자연스럽게 우리는 다음과 같이 묻게 된다. 비극적인 태도와 희극적인 태도가 결합되고 혼합된 비-희극이란 중간 장르를 그는 인정하지 않았는가? 회화에서 그는 정확히 그러한 장르를 인정했다. 그리고 우리는 이미 그가 세 가지 양식의 회화——이상적인 것, 사실주의적인 것, 만화적인 것——를 비교하고 있는 구절에 대해서 논평했다. 따라서 그가 문학에서 그러한 중간 유형을 허용하지 않는다는 점을 발견하는 것은 더욱더 놀랍다. 영어권의 독자들은 셰익스피어의 연극들에서 때때로 '로맨스'로 분류되었던 진지한 희극이나 강렬하지 않은 비극의 유형들에 친숙하다. 그리고 그러한 중간 유형들은 신고전주의의 정신에는 낯설지만, 그것들은 아리스토텔레스 자신이 친숙했던 그리스극의 거대한 몸통에서 결코 드물지 않았다. 그리스 비-희극의 선두 실험가는 물론 에우리피데스였다. 그의 『알케스티스』는 비-희극적인 환상극이다. 『타우리케의 이피게네이아』는 모험담이다. 『안드로메다』는 러브 스토리였던 것처럼 보일 것이다. 때로는 그의 실험은 성공적이지 못했고, 『안드로마케』의 경우처럼 '장르의 혼란'을 일으켰다. 이 모든 작품들은 명목상 비극들이었다. 또는 『알케스티스』의 경우처럼 비극 3부작과 연결되어 있었다. 아리스토텔레스가 에우리피데스의 많은 연극들이 슬픈 결말을 갖는다는 이유로 그를 '가장 비극적인 작가'로 추천했다는 점(『창작술』13장 1453a 23~30)은 이상하다. 그는 비극이라 불리는 에우리피데스의 다른 작품들이 진지한 희극들로 간주될 권리가 많았다는 점을 알아차리지 못했던 것으로 보인다. 이는 단순히 아리스토텔레스가 못 본 문제만은 아니다. 그는 명시적으로, 악덕이 처벌되고 미덕이 보상받는 『오뒤세이아』에 예시된 것과 같은 유형의 줄거리를 평가 절하한다. 그러한 결말은 비극보다는 희극에 적합하다고 그는 우리에게 말한다. 그의 진술은 물론 우리에게 『오뒤세이아』를 비극의 기준들에 의해 판단할 권리가 있다는 점을 가정한다. 사실은 분명히 다르다. 『오뒤세이아』는 비극의 요소와 희극의 요소가 존재하는 중간 장르에 속한다. 왜 아리스토텔레스가 회화에서는 그렇게 분명하게 인정했으면서도 창작에서는 그러한 중간 상태를 인정하지 못했는지 이해하기가 어렵다.

맺음말

아리스토텔레스 『창작술』(시학)의 주석가들은 종종 아리스토텔레스가
실제로 말한 것보다는 그가 말했어야 하는 것을 해설한다는 비난을 받는
다. 그리고 이 책에서 나는 조금도 그런 흔한 비난을 회피하려 애쓰지 않
았다. 왜냐하면 나는 그리스 미학에 대한 주석가라면 플라톤과 아리스토
텔레스가 말했어야 하는 것을 다듬는 데 꽤나 시간을 들인다고 믿기 때
문이다. 물론 즉각적으로 이해하더라도, 이것은 미학에 대한 어느 작가가
말했어야 하는 것을 다듬는 일과 다르다. 그것은 아리스토텔레스를 자기
자신의 생각들과 일치시키는 일이나 자기 자신의 비평 이론들을 아리스
토텔레스의 권위를 언급함으로써 정당화하는 일과는 다르다. 그러나 앞
의 장(章)들에서 우리는 이 주제에 대한 그리스 철학자들의 흩어진 비체
계적인 관찰들을 모아서 체계화하는 일이 주석가의 의무라는 견해를 보
였다. 돌이켜 볼 때, 우리는 플라톤이 『국가』에서, 그리고 아리스토텔레
스가 『창작술』에서 사실상 미학을 체계화하려는 시도들이 실패로 끝났
다는 사실에 의해 상황이 더욱 복잡해짐을 발견한다. 그러나 그러한 시도

들은 두 경우에서 모두 부분적으로 논쟁적인 기분으로 착수된 것들이고, 두 작가들이 다른 곳에서 관찰한 많은 탁월한 점들에 영향을 미치지 못한다. 정말로, 두 체계는 자기파멸의 씨앗들을, 또는 적어도 불완전함을 드러내는 자백들을 안에 품고 있다. 그렇다면 반복해 보자. 주석가의 목적은 이 주제에 대한 플라톤과 아리스토텔레스의 정합적이지 못하지만 매우 귀중한 관찰들을——그들이 그 주제에 어울리는 무엇인가를 이룬 한에서——체계화하는 일이어야 한다. 그것은 단지 그들 자신의 일시적인, 편파적인 체계들의 대의를 반복하는 일이 아니다.

그렇게 고립된 관찰들로부터 모은 이론은 많은 호감을 산다. 그것은 플라톤과 아리스토텔레스를 미적 경험에 대한 해석에서 근본적으로 하나가 된 모습으로 드러내고, 여전히 오늘날의 비평가들과 미학자들의 마음을 사로잡고 있는 많은 문제들에 대해 해결책을 제공한다. 이런 그리스 미학의 토대는 경험이 의식적인 상태와 잠재의식적인 상태로 이분된다는 점이다. 의식적인 경험은 이성적인 가치와 도덕적인 가치로 구성되어 있다. 우리가 반쯤 잠든 상태나 혼수상태에서 얻을 수 있는 잠재의식적인 경험은 아름다움과 추함의 영역이다. 절반의 수면이나 불완전한 수면은 꿈이나 악몽을 낳는다. 여기에서 우리의 기쁨이나 공포는 깨어 있을 때의 가치들과는 불균형이다. 역으로, 깨어 있을 때의 경험에서 마주칠 때 형태적으로 아름답거나 추한 것들은 매혹적인 힘을 발휘한다. 왜냐하면 지성적인 집중을 모으는 것은, 우리가 리듬에 관한 6장에서 보았듯이, 어떤 점에서 최면적이기 때문이다. 지성의 자극과 달램 사이에는 선명한 경계선이 없다. 한 방향의 깨어 있음은 다른 방향의 포기라는 값을 치르고 성취된다. 이렇듯 미에 대한 접근은 주관적이거나 객관적일 수 있다. 이는 감염이 외부 감염원과의 접촉에 의해 또는 그것에 대한 내부 저항력의 붕괴에 의해 이루어질 수 있는 것과도 같다. 더욱이, '미'(美)란 용어의 공용은 혼란스럽다. 왜냐하면 우리는 진(眞)이나 선(善)의 단순한 등급들로부터 구별된 '매혹적인 것'을 의미하기 위해, 그리고 이와 동시에 매혹적인 것에 부딪히는 진과 선을 가리킴으로써 그 용어를 추함과 구별하기 위해 사용한다. 이것이 우리가 3장에서 끌어들인 피라미드 유비의 요점이다.

미의 본성이 주어지면, 더 나아가 삶과 예술의 관계에 관한 미학자의 물음에 대답할 수 있게 된다. 우리는 딜레마에 직면해 있다. 예술이 삶보다 낫다면, 예술가들은 나머지 우리들보다 낫다. 예술이 삶보다 낫지 않다면, 그것은 기분전환일 뿐이다. 이 결론들 중 어떤 것도 우리들 대부분에게 호감을 사지 못할 것이다. 그리고 그 딜레마는 예술은 삶보다 **항상** 나은 게 아니라 삶보다 **보통** 낫다고 단언함으로써만 피할 수 있다. 그것은 공동의 현실에서는 삶 이상의 것이지만 잠재성에서는 삶보다 덜한 것이다. 그리고 여기에서 우리는 플라톤과 아리스토텔레스가 상호보완적인 사상가들이라는 말의 의미를 이해할 수 있다. 플라톤은 삶은 예술이 산출할 수 있는 그 어떤 것보다 더 위대하고 더 영감을 주는 것이라고 생각했다. 그때 그는 소크라테스의 인품에서 그것이 예시되어 있음을 발견했다. 아리스토텔레스에게는 그러한 경험이 없었다. 반대로, 아리스토텔레스는 플라톤의 제자였고, 플라톤은 위대한 문학 예술가 중 한 사람이었다. 애초에 그러한 문학적 대가에 의해 철학으로 이끌렸던 사람이 현실에서의 삶이 문학 및 예술에서의 삶의 기품에 좀처럼 오르지 못했다고 생각한 것은 놀라운 일이 아니다.

물론, 우리가 정형화하여 말한 그리스 미학 체계는 예술을 판단하고 다양한 작품들과 유파들이 각각 지닌 장점들을 분명하게 나타낼 수 있는 한 벌의 규칙들을 의미하지 않는다. 이와 반대로, 그것은 그러한 규칙들이 가능하지 않다는 점에 대한 분명한 증거를 제공한다. 예술은 최면술적인 주문(呪文) 아래 도덕적인, 이성적인 암시들을 만든다. 그것의 가치는 그런 암시들이 지닌 도덕적인, 이성적인 질에 달려 있을 뿐만 아니라, 주문의 효력에도 달려 있다. 그러나 도덕성과 합리성은 서로 직접적인 균형 관계 속에 있지 않을 수 있다. 그리고 분위기에서 비극 예술은 주로 도덕과 관계하고, 희극 예술은 이성과 관계하지만, 둘 모두 실제로 상대가 지닌 가치들을 해쳐서는 안 된다. 우리가 얼마만큼 도덕적인 기준들을 조롱하지 않고 합리성의 관심사들을 진척시킬 수 있느냐 또는 그 반대일 수 있느냐는 물음이 생긴다. 모든 개인들이 개별 사례들에서 같은 것을 느끼지는 않을 것이다. 더 나아가, 이성적인, 도덕적인 기준들 자체는 시간과 장소에 따라 다르다. 더욱이, 최면술적인 힘으로 말하자면, 그것이 한 사람을 매혹시킨다고 반드시 다른 사람을 매혹시키는 것은 아닐 것이다. 그것은 단지 취향의 문제일 뿐이다. 그리고 취향은 취향의 획득이 유리하다고 판단되는 곳에서 취득될 수 있다. 그러나 좋은 취향과 나쁜 취향——나은 취향과 못한 취향——이 있기도 하다. 취향은 시간과 장소에 따라서만 변하지는 않는다. 그것은 개인들의 도덕적인, 이성적인 기준들에 따라서 변한다. 일정 유형의 매혹들은 각각 더 높거나 낮은 도덕적인 또는 이성적인 기준들을 가진 개인들에게 실행될 때에만 효력이 있을 것이다. 예를 들어, 전혀 배우지 못한 사람들은 특정 종류의 형태미를 음미할 것 같지 않다. 중간 정도의 지성을 가진 사람들은 보다 명확한 종류의 형태미만을 음미할 것이다. 아주 심원한 형태들을 요구하는 사람들은 아마도 형태적인 매체를 통해서만 미를 파악할 수 있을 것이고, 대부분의 경우에서 도덕적으로 무감할 것이다.

　우리의 결론은 다음과 같을 수밖에 없다. 재현과 리듬의 어떤 작품들은 모든 면에서 우월하고 다른 어떤 작품들은 모든 면에서 열등하지만, 결과물들이 너무도 복잡하고 애매하여 유보 없이 칭찬하거나 비난할 수는 없는 넓은 영역의 자료도 있다. 은밀한 최면 아래에 이루어진 사악한 어리석은 암시들이 지닌 사회적인 위험은 너무나도 커서 검열의 유지는 대부분의 사회에서 잘 정당화된 수단이다. 이와 동시에, 일정한 고양된 작품들에 의해 발휘된 매혹은 너무나도 명백하게 유익해서, 우리는 학교와 대학의 교수과정에서 마땅히 그것들을 주목한다. 다른 한편으로, 중간 단계의 작품들이 방대한 분량으로 남아 있다. 이것들은 어떤 측면들에서는 찬란하게 빛나고 귀중하지만, 다른 어떤 측면들에서는 위험한데, 이에 대해 명확한 판단을 내리기란 어렵다. 왜냐하면 그것들이 미칠 효과는 시간과 장소에 따라 다를 것이기 때문이다. 예술적인 산출에서 상대적으로 많은 부분을 차지하는 그러한 종류의 작품에 대면하여 국가는 지배적인 이데올로기에 따라 의심이나 공감의 태도를 보일 것이다. 한쪽으로는 스파르타, 나치 독일, 공산국 러시아의 태도가 있고, 다른 쪽으로는 아테네와 오늘날 서구 민주주의 국가들의 태도가 있다.

옮긴이의 말

아름다움(美)이란 무엇인가? 예술이란 무엇인가? 이 두 가지 물음에 대한 논의를 영국의 문학자 워리는 고대 그리스의 두 철학자에서 찾는다. 그는 플라톤과 아리스토텔레스의 작품을 통해 현대 미학의 문제들을 원초적인 형태에서 이해하고, 그리스의 개념들이 그 문제들에 적용될 수 있음을 밝히고자 한다. 두 철학자가 상호 보완하는 측면을 가진 단일한 흐름을 대표한다는 믿음에서 출발하고, 플라톤은 미 개념에 관한 일반적인 연구(미론, callistic)에 강점이 있는 반면, 아리스토텔레스는 주로 예술에 관한 연구(예술론, aesthetic)에 관심을 갖는다는 점을 지적하면서, 그는 그들의 사상을 각각 네 장에 걸쳐 살핀다.

그는 다양한 미를 ⓐ인격과 관련된 낭만미, 숭고미와 ⓑ그렇지 않은 형태미, 지성미, 기능미로 이분한다. 그리고 때로는 보다 체계적이고 완성된 내용이 들어 있고, 때로는 단편적인 내용이 들어 있는 플라톤의 관련 대화편들을 인용하고 분석하면서, 이 두 가지 미 개념이 조화될 수 있다는 점을 보여 주고자 한다. 이를 통해 그는 그리스인들에서 미(美)가 진

(眞)과 선(善)의 가치와, 궁극적으로는 성(聖)의 개념과 얽혀 있음을 밝히려고 노력한다. 나아가, 워리는 창작과 예술에 대한 플라톤의 비판적 평가를 그의 형이상학적 입장(이데아론)과 도덕적 입장에 입각하여 설명한다. 그리고 플라톤이 예술을 통한 모방을 열등한 단계의 산출이라고 보며, 작가의 창작적 영감이 지닌 주관성의 위험을 지적한다고 해설한다.

워리는 아리스토텔레스에서 플라톤적인 미 개념의 반향을 발견할 수 있으면서도, 그와 달리 아리스토텔레스가 모방의 인식적 가치를 강조함으로써 모방을 긍정적으로 평가한다고 지적한다. 더 나아가 그는 아리스토텔레스가 예술에서 리듬의 비이성적인 내용을 인정하면서도 그것을 형태와 연결시킴으로써 이성적인 측면에 더 관심을 갖는다고 주장한다. 또한 '카타르시스'가 '미메시스'와 '리듬'을 보완하여 음악 예술과 문학 예술을 설명하는 근본 원리라고 주장하며, 이를 설명한다. 마지막으로, 그는 희극적인 문학 및 예술의 효과가 비극처럼 카타르시스적인 과정에 의존하는지의 문제를 다룬다.

워리는 미와 예술이 이성적 측면과 비이성적 측면을 모두 지닌다는 입장, 그리고 플라톤, 아리스토텔레스의 작품들에 단편적으로 남아 있는 그리스 미학 사상에 관한 설명은 체계화, 재구성을 수반할 수밖에 없다는 입장에 일관되게 서서, 여러 작품들에 흩어져 있는 두 철학자의 생각들을 모아서 독자들의 기억에 잘 남도록 몇 가지 대립적인 분류를 통해 그리스의 미학사상을 잘 정리하여 설명했다. 그의 책은 관련 서적이 몇 가지 안되는 열악한 현재 상황에서 고대 그리스 미학에 대한 입문서 역할을, 아울러 플라톤과 아리스토텔레스 작품으로의 안내자 역할을 독특히 해내리라 믿는다.

이 책은 2011년 가을, 철학아카데미에서 강의를 하면서 이루어진 작업의 결실이다. 강의의 자리를 마련해 준 철학아카데미와, 열정적으로 강의에 참석하여 많은 점들을 지적해 준 수강생 여러분들(강성식, 강인모, 황윤지)께 깊은 감사를 드린다. 늘 내 곁을 듬직하게 지켜 주는 아내 혜윤에게 이 책을 선사하고 싶다.

2012년 11월

김진성

참고문헌

참고문헌의 구성

I. 텍스트, 번역, 주석서

A. 전집류
B. 편집서, 조각글 모음 등
C. 아리스토텔레스의 『창작술』(시학)
D. 아리스토텔레스의 다른 작품들
E. 플라톤의 작품들
F. 다른 작가들

II. 연구물들

A. 미메시스
B. 카타르시스
C. 비극적인 '하마르티아'[결함]
D. 리듬, 운율, 음악
E. 에로스적인 이상주의
F. 희극
G. 아리스토텔레스 일반
H. 플라톤 일반
I. 아리스토텔레스와 플라톤
J. 소크라테스 이전 철학자들
K. 그리스 종교
L. 그리스 예술과 사상 일반
M. 미학 일반

※ 그리스 미학 이론에 일정 정도 중요한 언급을 하거나 논의에 특별한 관계가 있는 철학 일반 및 비평의 저술들만 참고문헌에 포함되었다. 다음의 발행물들이 본인의 저술과정에서 참작되었다. 편집되어 나오지 않은 고전작가들에 대한 언급은 Teubner와 Firmin-Didot 시리즈를 참고했다.

I. 텍스트, 번역, 주석서

A. 전집류

1. Burnet, J.: *Platonis Opera*, recognovit brevique adnotatione critica instruxit Ioannes Burnet. 5 Tomi. Oxford 1905~13.

2. Firmin-Didot, A.: *Aristotelis opera omnia : Graece et Latine, cum indice nominum et rerum absolutissimo*. Vols. I-V. Paris 1927~31.

3. Jowett, B.: *The Dialogues of Plato*. Translated into English with Analyses and Introductions. Revised by order of the Jowett copyright trustees. Oxford 1953.

4. Ross, W. D.: *The Works of Aristotle translated into English*, 12 vols. Oxford. Revised 1949.

B. 편집서, 조각글 모음 등

1. Consbruch, M.: *Hephaestionis Enchiridion*, cum commentariis veteribus edidit Maximilianus Consbruch. Accedunt variae metricorum Graecorum reliquiae. Leipzig 1906.

2. Diels, H.: *Die Fragmente der Vorsokratiker*, griechisch und deutsch: fünfte Auflage herausgegeben von W. Kranz, Berlin 1934.

3. Kaibel, G.: *Comicorum Fragmenta*, vol. I. fasc. prior, Berlin 1899.

4. Kock, T.: *Comicorum Atticorum Fragmenta*, Leipzig 1884.

5. Westphal, Rudolf: Die Fragmente und die Lehrsätze der Griechen Rhythmiker, in *Supplement zur Griechischen Rhythmik* von A. Rossbach, Leipzig 1861.

C. 아리스토텔레스의 『창작술』(시학)

1. Butcher, S. H.: *Aristotle's Theory of Poetry and Fine Art*, London 1894; Reprint 1932.

2. Bywater, I.: *Aristotle on the Art of Poetry*, Text, translation, and Commentary, Oxford 1909.

3. Else, G. F.: *Aristotle's Poetics*. The Argument, Cambridge, MA 1957.

4. Fyfe, W. Hamilton: *Aristotle's Art of Poetry*, Oxford 1940.

5. Gudeman, Alfred: *Aristoteles. Peri Poiētikēs*, Mit Einleitung, Text und

Adnotatio Critica, exegetischem Kommentar, kritischem Anhang und Indices Nominum, Rerum, Locorum, Berlin 1934.

6. Margoliouth, D. S.: *The Poetics of Aristotle*, Translated from Greek into English and from Arabic into Latin, with revised text, commentary, glossary, and onomasticon, London 1911.

7. Montmollion, D. de.: *La Poetique d' Aristote*, Texte Primitif et additions ultérieures, Neuchâtel 1951.

8. Potts, L. J.: *Aristotle on the Art of Fiction*, Cambridge 1943.

9. Rostagni, Augusto: *Aristotele Poetica*, Introduzione Testo e Commento (1927). Seconda edizione reveduta. Bibilioteca di Filologia Classica. G. de Sanctis e A. Rostagni, 1945.

10. Sycoutris, J.: *Aristotelous Peri Poiētikēs. Eisagēgē, keimenon kai hermēneia.* (Metaphrasis hypo S. Menardou), Athens 1937.

11. Thrwhitt, T.: *De Poetica Liber.* Textum recensuit, versionem refinxit, et animadversionibus illustravit Thomas Tyrwhitt, Oxford 1794.

12. Twining, Thomas: *Aristotle's Treatise on Poetry*, London 1789.

13. Vahlen, Ioannes: *Aristotelis de Arte Poetica Liber*, Leipzig 1885.

14. Valdimigli, M.: *Aristotele Poetica.* Traduzione Note & Introduzione, Bari 1916.

D. 아리스토텔레스의 다른 작품들

1. Baker, Ernest: *The Politics of Aristotle.* Translated with an introduction, notes, and appendices, Oxford 1946.

2. Bywater, I.: *Aristotelis Ethica Nicomachea*, recognovit brevique adnotatione critica instruxit I. Bywater, Oxford 1890.

3. Cope, E. M.: *The Rhetoric of Aristotle*, with a commentary by the late E. M. Cope. Revised and edited for the syndics of the University Press by J. E. Sandys. 3 vols. Cambridge 1877.

4. Freese, J.: Aristotle, *The Art of Rhetoric*, Loeb Classical Library 1947.

5. Joachim, H. H.: *Nicomachean Ethics*, a commentary, edited by D. A. Rees, Oxford 1951.

6. Rackham, H.: *Aristotle's Politics*, Loeb Classical Library 1950.

7. Ross, W. D.: *Aristotle's Metaphysics*, text with introduction and commentary. 2 vols. Oxford 1951.

E. 플라톤의 작품들

1. Adams, James: *The Republic of Plato*, edited with critical notes, commentary, and appendices. 2 vols. Cambridge 1926.

2. Burnet, J.: *Plato's Phaedo*, edited with introduction and notes. Oxford 1911; Reprint 1956.

3. England, E. B.: *Laws of Plato*. Text and commentary. 2 vols. Manchester 1921.

4. Hackforth, R.: *Plato's Phaedrus*, translated with introduction. Commentary by R. Hackforth. Cambridge 1952.

5. Hackforth, R.: *Plato's Examinations of Pleasure*. A translation of the *Philebus*, with Introduction and Commentary by R. Hackforth. Cambridge 1945; Reprint 1958.

6. Lamb, W. R. M.: *Lysis, Symposium, Gorgias*. Loeb Classical Library 1932.

7. Shorey, Paul: *Plato's Republic*. 2 vols. Loeb Classical Library 1930.

F. 다른 작가들

1. Festugière, A.-J.: *Hippocrate. L'Ancienne Médecine*. Introduction Traduction et Commentaire. Paris 1948.

2. Hicks, R. D.: *Diogenes Laertius*. Lives of Eminent Philosophers. 2 vols. Loeb Classical Library 1950.

3. Immisch, O.: *Gorgiae Helena*, recognovit et interpretatus est Otto Immisch. Berlin 1927.

4. Kroll, W.: *Procli Diadochi in Platonis rem publicam commentarii*. Bibliotheca Scriptorum Graecorum et Romanorum Teubneriana, Leipzig 1899.

5. Marchant, E. C.: *Xenophon, Memorabilia and Oeconomicus*. Loeb Classical Library 1953.

II. 연구물들

A. 미메시스

1. Croissant, J.: *Aristote et les Mystères*, Paris 1932.

2. Koller, H.: Die Mimesis in der Antike. Nachahmung, Darstellung,

Ausdruck, Bern 1954.

3. Ransom, J. C.: The Mimetic Principle. in *American Review* 5(1935), pp. 536~51.

4. Tate, J.: Imitation in Plato's *Republic*, in *Classical Quarterly* 22(1928), pp. 16~23.

5. Tate, J.: Plato and Imitation, in *Classical Quarterly* 26(1932), pp. 161~69.

6. Trench, W. F.: Mimesis in Aristotle's *Poetics*, in *Hermathena* 48(1933), pp. 1~24.

7. Verdenius, W.: *Mimesis*. Plato's doctrine of imitation and its meaning to us. Philosoph. Ant. III. Leiden 1949.

B. 카타르시스

1. Bernays, Jacob: *Zwei Abhandlungen über die Aristotelische Theorie des Drama*. (a) *Grundzüge der verlorenen Abhandlung des Aristoteles über Wirkung der Tragödie*. (b) *Ergänzung zu Aristotelisches Poetik*. Ein Brief an Leonhard Spengel über die tragische Katharsis bei Aristoteles, Berlin 1880.

2. Bignami, F.: La catarsi tragica in Aristotele, in *Rivista di Filosophia neoscholastica* 18(1926), pp. 103~24, 215~52, 335~62.

3. Boekel, C. W. van: *Katharsis*, Een filologische reconstructie van de psychologie van Aristoteles omtrent ht gevoelsleven. Utrecht 1957.

4. Dirlmeier, F.: Katharsis Pathēmatōn, in *Hermes* 75(1940), pp. 81~92.

5. Giesing, F.: *Der Ausgang des Königs Oedipus von Sophokles und die Aristotelische Katharsis*, Leipzig 1890.

6. Lorenz, E.: Ödipus auf Kolonos, in *Imago* 4(1915-16), pp. 22~40.

7. Ransom, J. C.: The Cathartic Principle, in *American Review* 5(1935), pp. 287~300.

8. Trench, W. F.: The Place of Katharsis in Aristotle's Aesthetics, in *Hermathena* 51(1938), pp. 110~34.

C. 비극적인 '하마르티아'[결함]

1. Flickinger, M. K.: The hamartia of Sophocles' *Antigone*, in *Iowa Studies in Classical Philology* 2(1935), pp. 11~18.

2. Glanville, I. M.: Tragic Error, in *Classical Quarterly* 43(1949), pp. 47~57.

3. Harsh, Ph. W.: Hamartia Again, in *Transactions and Proceedings of the American Philological Association* 76(1945), pp. 47~58.

D. 리듬, 운율, 음악

1. Dale, A. M.: *The Lyric Metres of Greek Drama*, Cambridge 1948.
2. Georgiades, Thrasyboulos: *Der Griechische Rhythmus, Musik, Reigen, Vers und Sprache*, Hamburg 1949.
3. Gray, Cecil: *The History of Music*, London 1928; 2nd ed. corrected and revised 1931; Reprint 1945.
4. Monro, D. B.: *The Modes in Ancient Greek Music*, Oxford 1894.
5. Schröder, Otto: Rhythmos, in *Hermes* 53(1918), p. 324.
6. Winnington Ingram, R. P.: *Mode in Ancient Greek Music*, Cambridge 1936.

E. 에로스적인 이상주의

1. Bowra, C. M.: *Greek Lyric Poetry, from Alman to Simonides*, Chapter V (Sappho), Oxford 1936.
2. D'Arcy, M. G.(S. J.): *The Mind and Heart of Love*. A Study of Eros and Agape, London 1945.
3. De Rougemont, Denis: *Passion and Society*. Translated by Montgomery Belgion, London 1956.
4. Lewis, C. S.: *The Allegory of Love*. A Study in medieval tradition, Oxford 1936; Reprint with corrections 1943, 1953.
5. Nygren, Anders: *Agape and Eros*. Christian Idea of Love, Translated by Hebert, London 1932.

F. 희극

1. Bergson, H.: *Le Rire*, Paris 1900. Translated by Cloudesley Brereton and Fred. Rodwell as: *Laughter, an essay on the meaning of the Comic*, New York 1911.
2. Cooper, Lane: *An Aristotelian Theory of Comedy with an Adaptation of the Poetics and a translation of the Tractatus Coislinianus*. New York 1922.
3. Meredith, George: *An Essay on Comedy and the Uses of the Comic Spirit*, Ed. by Lane Cooper, New York 1918.

4. Schmidt, J.: Euripides Verhältnis zu Komik und Komödie, Grimma 1905.

5. Starkie, W. J. M.: An Aristotelian Analysis of 'the Comic'. Illustrated from Aristophanes, Rabelais, Shakespeare, and Molière, in *Hermathena* 41 (1920), pp. 26~51.

6. Wolf, A.: Laughter, in *Encyclopaedia Britannica*, Chicago 1956.

G. 아리스토텔레스 일반

1. Armstrong, A.: Aristotle's Theory of Poetry, in *Greece and Rome* 10(1940), pp. 120~25.

2. Bignami, F.: *La poetica di Aristotele e il concetto dell'arte presso gli antichi*, Firenze 1932.

3. House, Humphrey: *Aristotle's Poetics*. A course of eight lectures. Revised with preface by. C. Hardie, London 1956.

4. Lessing, G. E.: *Hamburgische Dramaturgie*. Herausgeg. und mit Einleitung begleitet von Georg Zimmermann, Berlin 1873.

5. Lucas, F. L.: *Tragedy in Relation to Aristotle's Poetics*, London 1949.

6. Ross, W. D.: *Aristotle*, London 1949.

7. Rostagni, Augusto: *Aristotele e Aristotelismo nella storia dell' Estetica*. Origini, significato svolgimenti della 'Poetica', in Studi Italiani di Filologia classica NS2(1922), pp. 1~147.

8. Solmsen, F.: The Origins and Methods of Aristotle's *Poetics*, in *Classical Quarterly* 29(1935), pp. 192~201.

9. Ulmer, Karl: *Wahrheit, Kunst und Natur bei Aristoteles*. Ein Beitrag zur Aufklärung der metaphysischen Herkunft der modernen Technik, Tübingen 1953.

H. 플라톤 일반

1. Flashar, H.: *Der Dialog Ion als Zeugnis platonischer Philosophie* (Dt. Akad. d. Wiss.), Berlin 1958.

2. Hirzel, R.: *De Bonis in Fine Philebi Enumeratis*. diss., Leipzig 1868.

3. Lodge, R. C.: *Plato's Theory of Art*, London 1953.

4. Murphy, N. R.: *The Interpretation of Plato's Republic*, Oxford 1951.

5. Nettleship, R. L.: *The Theory of Education in Plato's Republic*, London

1935; Reprint 1951.

6. Ross, W. D.: *Plato's Theory of Ideas*, Oxford 1953.

7. Schuhl, Pierre-Maxime: *Platon et l'Art de son Temps (Arts Plastiques)*. Deuxième édition revue et augmentée, Paris 1952.

8. Schweitzer, Bernhard: *Platon und die Bildende Kunst der Griechen*, Tübingen 1953.

I. 아리스토텔레스와 플라톤

1. Finsler, G.: *Platon und die Aristotelische Poetik*, Leipzig 1900.

2. Werner, C.: *Aristote et l'idéalisme platonicien*, Paris 1910.

J. 소크라테스 이전 철학자들

1. Burnet, J.: *Early Greek Philosophy*, London 1892; Reprint 1952.

2. Cornford, F. M.: Mysticism and Science in the Pythagorean Tradition, in *Classical Quarterly* 16(1922), pp. 137~50, 17(1923), pp. 1~12.

3. Howald, E.: Eine vorplatonsiche Kunsttheorie, in *Hermes* 54(1919), pp. 187~207.

K. 그리스 종교

1. Dodds, E. R.: *The Greeks and the Irrational*, Berkeley 1951.

2. Guthrie, W. K. C.: *Orpheus and Greek Religion, a study of the Orphic movement*, London 1952.

3. Jeanmaire, H.: Dionysos, *Histoire du Culte de Bacchus*, Paris 1951.

4. Parke, H. W. & Wormell, D. E. W.: *The Delphic Oracle*. 2 vols, Oxford 1956.

L. 그리스 예술과 사상 일반

1. Atkins, J. W. H.: *Literary Criticism in Antiquity*. 2 vols, Vol. 1(Greek), Cambridge 1934; Reprint 1952.

2. Beazley, J. D.: *Greek Art and Architecture*. Cambridge Ancient History. Vol. V, Ch. XV. (Sections i-vi by D. S. Robertson), 1953.

3. Glotz, G.: *The Greek City and its Institutions*. Translated by N. Mallinson, London 1929.

4. Gomperz, Theodor: *Greek Thinkers*. A History of Ancient Philosophy. 4 vols. Vol. I translated by Laurie Magnus. Vols. I, II, IV translated by G. C. Berry, London 1901; Reprint 1955.

5. Kitto, H. D. F.: *Greek Tragedy, a literary Study*. London 1940.

6. Page, D. L.: *A New Chapter in the History of Greek Tragedy*. Cambridge 1951.

7. Pickard-Cambridge, A. W.: *Dithyramb, Tragedy and Comedy*, Oxford 1927.

8. Pickard-Cambridge, A. W.: *Dramatic Festivals*, Oxford 1953.

9. Shepherd, J. T.: *Attic Drama in the Fifth Century*. Cambridge Ancient History. Vol. V, Ch. V. 4th impression, 1953.

10. Sikes, E. E.: *The Greek View of Poetry*, London 1931.

M. 미학 일반

1. Bosanquet, Bernard: *A History of Aesthetic*, London 1892; Reprint 1949.

2. Carr, H. W.: *The Philosophy of Benedetto Croce*, London 1927.

3. Carritt, E. F.: *The Theory of Beauty*, London 1949.

4. Collingwood, R. G.: *The Principles of Art*, Oxford 1938; Reprint 1955.

5. Croce, Benedetto: *Estetica come scienza dell'espresstione e linquistica generale. Teoria e Storia*. Quarta edizione riveduta. Bari 1912.

6. Croce, Benedetto: Aesthetics, in *Encyclopaedia Britannica*, 1956.

7. Hegel, Georg Wilhelm Friedrich: *Vorlesung über die Aesthetik*. Mit einem Vorwort von Heinrich Gustav Hotho. 3 vols. Sämtliche Werke. Jubiläumsausgabe in zwanzig Bänden, Stuttgart 1953.

8. Kant, I.: *Critiques of aesthetic judgment*. Translated by J. C. Meredith, Oxford 1911.

9. Lucas, F. L.: *Literature and Psychology*, Cassell 1951.

찾아보기

* 찾아보기는 인명, 지명, 신화, 개념, 저술로 세분한 뒤 ㄱㄴㄷ 순으로 정리했다.
'n'은 'note'(각주)의 약자로, 예를 들어 46n은 46쪽의 각주를 가리킨다.

1. 인명

2. 지명

3. 신화

4. 개념

5. 저술